ENCUENTROS 2

EDICIÓN 3000 · MÉTODO DE ESPAÑOL

Grammatikheft

¡HOLA!

Das Grammatikheft zu **Encuentros 2 Edición 3000** enthält den gesamten Grammatikstoff des zweiten Bandes. Die Lektionen des Schülerbuchs und des Grammatikhefts tragen jeweils den gleichen Titel, die Grammatikkapitel sind innerhalb der Teillektionen chronologisch geordnet.

In der linken Spalte jeder Seite Lektion findest du die spanischen Beispielsätze auf gelbem Hintergrund, in der rechten Spalte die dazugehörige Erklärung. In diesen Erklärungen werden, wo es sinnvoll ist, Vergleiche mit anderen Sprachen (Deutsch, Latein, Französisch) angestellt.

| SPA | Acabo de hacer los deberes. |
| FRA | Je viens de faire les devoirs. |

Abkürzungen:
SPA: Spanisch   LAT: Latein
FRA: Französisch   DEU: Deutsch

In den grünen Lerntipp-Kästen findest du Strategien, wie du dir ein Grammatikkapitel besonders gut einprägen kannst.

LERNTIPP
Sprich die Formen beim Lernen laut aus, die Vokale der betonten Silbe sind in der Tabelle unterstrichen. Denke auch an die Akzente der 1. und 3. Person Singular!

Die roten Denk-daran!-Kästen enthalten kurz gefasste Regeln oder Merksprüche, die du am besten auswendig lernst.

DENK DARAN!
Konjugiere beim **futuro inmediato** nur das Verb **ir**.

In den orangefarbenen Weißt-du's?-Kästen werden Vergleiche zu anderen Grammatikkapiteln hergestellt. Die Lösungen dazu findest du auf S. 54.

WEISST DU'S? ▶ Lösungen
Welche anderen Adjektive werden vor maskulinen Substantiven im Singular verkürzt?

Am Ende einzelner Kapitel findest du blaue ¡Acuérdate!-Kästen. Hier kannst du Grammatikthemen wiederholen, die du schon aus Band 1 kennst und die dir an dieser Stelle weiterhelfen.

Auf den Seiten 22–24 sowie 36–38 findest du Evaluierungsaufgaben, mit denen du überprüfen kannst, ob du den Stoff der Lektionen 1–3 bzw. 4–6 verstanden hast und anwenden kannst. Die Lösungen dafür findest du auf S. 54–55.

Im Inhaltsverzeichnis auf den Seiten 3–4 kannst du nachschlagen, welche Themen in den einzelnen Lektionen behandelt werden.

Auf S. 39 findest du allgemeine Tipps zum Grammatik lernen.

Wenn du einen grammatischen Begriff nicht kennst, findest du auf S. 50–52 spanische Beispiele sowie die deutsche bzw. spanische Entsprechung.

Wenn du gezielt nach einem bestimmten Begriff suchst, schaue im Index auf S. 52–53 nach. Dort findest du eine Liste mit allen grammatischen Begriffen aus diesem Heft. Die Seitenzahlen dahinter zeigen die Fundstelle an.

Der Anhang enthält außerdem ein Kapitel „Aussprache und Betonung" (S. 40–41), in dem grundsätzliche Hinweise zur Aussprache des Spanischen gegeben werden, sowie eine Übersicht der Verbkonjugationen und der Verben mit ihren Anschlüssen (S. 42–49).

Viel Spaß beim Stöbern und Lernen!

¡Nos vemos!

INHALTSVERZEICHNIS

UNIDAD 1 MALLORCA – ANTES Y HOY

1A Antes todo era diferente
1	Das **pretérito imperfecto**	5
2	Der Komparativ	5
3	Der Demonstrativbegleiter **aquel**	6

1B Encuentros de verano
4	Der Superlativ	7
5	Das **pretérito indefinido** und das **pretérito imperfecto**	8

UNIDAD 2 ENTRE JÓVENES

¡Acércate!
6	Der verneinte Imperativ	10

2A Para mí no es sólo un objeto
7	Das **presente de subjuntivo**	11
7.1	Regelmäßige Bildung	11
7.2	Die sechs unregelmäßigen Verben	12
7.3	Der Gebrauch des **subjuntivo** (1)	13
8	Abgeleitete Adverbien	13
9	Die Possessivpronomen und betonten Possessivbegleiter	14
9.1	Formen	14
9.2	Gebrauch	14

2B Y tú, ¿pasas?
10	Der Gebrauch des **subjuntivo** (2)	15
11	Das Relativpronomen **lo que**	16

UNIDAD 3 ¡SIENTE MÉXICO!

¡Acércate!
12	Der reale Bedingungssatz im Präsens	17

3A Diario de viaje
13	Der absolute Superlativ	17
14	Der Gebrauch von **ser** und **estar** (3)	18
15	Der Gebrauch von **por** und **para**	18
16	Der Gebrauch des **subjuntivo** (3)	19

3B Un día más…
17	Zwei Objektpronomen im Satz	19
17.1	Formen	19
17.2	Stellung und Gebrauch	19
18	**Alguno** und **ninguno**	20
18.1	Formen	20
18.2	Gebrauch	20

EVALUACIÓN 1

Überprüfung des Lernstands	22

UNIDAD 4 UN PASEO POR MADRID

¡Acércate!
19   Der Imperativ in der Höflichkeitsform   25

4A ¡Me he quedado a cuadros!
20   Das Perfekt   26
20.1 Formen   26
20.2 Stellung und Gebrauch   27

4B Guía de Madrid
21   Der Gebrauch des **pretérito indefinido** und des Perfekts   27

UNIDAD 5 ¡COMUNÍCATE!

5A Las aulas del futuro
22   Das Futur   29
22.1 Regelmäßige Formen   29
22.2 Unregelmäßige Formen   29
22.3 Gebrauch   29
23   Die Konjunktionen **mientras**, **aunque** und **cuando**   30
24   Der Gebrauch des **gerundio**   31

5B ¡No te lo pierdas!
25   Das Plusquamperfekt   32
25.1 Formen   32
25.2 Gebrauch   32

UNIDAD 6 EUROPA Y ESPAÑA

¡Acércate!
26   Die indirekte Aufforderung   33

6A Un actor europeo
27   Die indirekte Rede in der Vergangenheit   34
27.1 Der indirekte Aussagesatz   34
27.2 Die indirekte Frage   35

EVALUACIÓN 2

Überprüfung des Lernstands   36

APRENDER MEJOR LA GRAMÁTICA

Tipps zum Grammatiklernen   39

ANEXO

Aussprache und Betonung   40
Die Verben   42
Verben und ihre Anschlüsse   49
Grammatische Begriffe   50
Index   52
Lösungen   54

1 MALLORCA – ANTES Y HOY

1A ANTES TODO ERA DIFERENTE

1 Das pretérito imperfecto | El pretérito imperfecto

Infinitiv		pasar	comer	vivir
Singular	1.	pas**aba**	com**ía**	viv**ía**
	2.	pas**abas**	com**ías**	viv**ías**
	3.	pas**aba**	com**ía**	viv**ía**
Plural	1.	pas**ábamos**	com**íamos**	viv**íamos**
	2.	pas**abais**	com**íais**	viv**íais**
	3.	pas**aban**	com**ían**	viv**ían**

ir: iba, ibas, iba, íbamos, ibais, iban
ser: era, eras, era, éramos, erais, eran
ver: veía, veías, veía, veíamos, veíais, veían

Antes no **había** ordenadores.
Früher gab es keine Computer.
Todos los días los niños **jugaban** afuera.
Die Kinder spielten jeden Tag draußen.
Mientras mi abuelo **ayudaba** en casa, su hermana **compraba** cosas en el mercado.
Während mein Großvater zu Hause half, kaufte seine Schwester auf dem Markt ein.

Das **pretérito imperfecto** ist eine häufig verwendete Vergangenheitsform im Spanischen. Die Endungen der Verben auf **-ar** lauten: -aba, -abas, -aba, -ábamos, -abais, -aban. Die Endungen der Verben auf **-er** und **-ir** lauten: -ía, -ías, -ía, -íamos, -íais, -ían.
⚠ Beachte, dass bei den Verben auf **-ar** nur die 1. Pers. Plural einen Akzent hat.

Nur drei Verben haben im Imperfekt unregelmäßige Formen: **ir**, **ser** und **ver**.
⚠ Achte auf die Akzente in der 1. Pers. Plural von **ir** und **ser**.

Das **pretérito imperfecto** wird verwendet für:
– Beschreibungen von vergangenen Situationen und Zuständen,
– für wiederholte Handlungen oder Gewohnheiten in der Vergangenheit
– sowie für gleichzeitige Handlungen in der Vergangenheit.
Es steht häufig nach Zeitangaben wie **antes**, **todos los días**, **siempre**, **mientras**.
Das **pretérito imperfecto** stammt aus dem Lateinischen und wird auch im Französischen verwendet:
SPA Arturo leía y Lola escribía.
LAT Arturo legebat et Lola scribeat.
FRA Arturo lisait et Lola écrivait.

2 Der Komparativ | El comparativo

El tren de Sóller es **tan** lento **como** antes.
Der Zug von Sóller ist genauso langsam wie früher.

Mallorca es **más** grande **que** Menorca.
Mallorca ist größer als Menorca.
¿Crees que antes la vida era **menos** divertida **que** hoy?
Glaubst du, dass das Leben früher weniger lustig war als heute?

Der Komparativ dient zum Vergleich. Bei Gleichheit wird folgende Konstruktion verwendet: **tan** + Adjektiv + **como**.
Bei Ungleichheit wird diese Konstruktion verwendet: **más** + Adjektiv + **que** bzw. **menos** + Adjektiv + **que**.

El español **no** es **tan** difícil **como** el alemán.
Spanisch ist nicht so schwierig wie Deutsch.

⚠ Ähnlich wie im Deutschen wird die Konstruktion **menos** + Adjektiv + **que** nur selten verwendet. Man benutzt stattdessen:
no + Verb + **tan** + Adjektiv + **como**.

cinco 5

1 Mallorca – Antes y hoy | Antes todo era diferente

Este año no es **peor que** el año pasado.
Dieses Jahr ist nicht **schlechter als** das vergangene Jahr.
Hoy la vida es mucho **mejor que** antes.
Heute ist das Leben viel **besser als** früher.
En los años cincuenta muchas cosas eran **peores que** hoy.
In den fünfziger Jahren waren viele Sachen **schlechter als** heute.
Hoy los coches son **mejores que** antes.
Heute sind die Autos **besser als** früher.

Die Adjektive **bueno** und **malo** haben unregelmäßige Komparativformen:
bueno/-a → mejor   **buenos/-as → mejores**
malo/-a → peor   **malos/-as → peores**

SPA	bueno/-a	→ mejor
	malo/-a	→ peor
LAT	bonus/-a/-um	→ melior/-ius
	malus/-a/-um	→ peior/-ius

⚠ Die männlichen und weiblichen Formen haben jeweils die gleiche Endung. Diese Unregelmäßigkeit stammt aus dem Lateinischen.

DENK DARAN!
Mejor und **peor** kommen nie mit **más** oder **menos** vor!

Hoy las frutas **no son tan buenas como** ayer.
Heute sind die Früchte **nicht so gut wie** gestern.

Verwendet man **bueno** und **malo** mit **(no) tan… como**, werden sie, genau so wie alle anderen Adjektive, nicht gesteigert.

3 Der Demonstrativbegleiter aquel | El determinante demostrativo aquel

En **aquel** tiempo muchas cosas eran malas.
In jener Zeit waren viele Dinge schlecht.
En **aquella** época Juan estudiaba en Salamanca.
In jener Zeit studierte Juan in Salamanca.
En **aquellos** años no había tele.
In jenen Jahren gab es kein Fernsehen.
En **aquellas** semanas hacía buen tiempo.
In jenen Wochen war schönes Wetter.

Der Demonstrativbegleiter **aquel** wird meist bei Zeitangaben verwendet, die sich auf länger zurückliegende Zeiträume beziehen. Im Deutschen sagt man dann oft „in jener Zeit" bzw. „damals".

DENK DARAN!
Gleiche die Formen von **aquel** immer dem Substantiv an.

–¿Cuál de los chicos en la foto es Alberto? ¿**Este** o **ese**?
Wer von den Jungen auf dem Foto ist Alberto? **Der hier** oder **der da**?
–**Este** es Juan y **ese** es Carlos. Alberto es **aquel** chico.
Der hier ist Juan und der da ist Carlos. Alberto ist der Junge **dort hinten**.

Aquel wird auch dazu benutzt, um im Kontrast zu **este** und **ese** eine größere räumliche Distanz zum Sprecher auszudrücken.

1

Mallorca – Antes y hoy | Encuentros de verano

¡Acuérdate!

	♂	♀
Sg.	**est**e chico **es**e chico	**est**a chica **es**a chica
Pl.	**est**os chicos **es**os chicos	**est**as chicas **es**as chicas

➡ Du kennst bereits die Demonstrativbegleiter **este** und **ese**. Mit **este** weist du auf jemanden oder etwas hin, der/das direkt bei dir ist, mit **ese** auf jemanden oder etwas, der/das in deiner Nähe ist.

1B ENCUENTROS DE VERANO

4 Der Superlativ | El superlativo

Somos **las chicas más tímidas** del mundo.
Wir sind **die schüchternsten Mädchen** der Welt.
Para Luna, Florian es **el chico más guapo** del grupo.
Für Luna ist Florian **der hübscheste Junge** der Gruppe.
Mis amigos más divertidos son Pablo y Juan.
Meine lustigsten Freunde sind Pablo und Juan.
Palma es **la ciudad más grande** de Mallorca.
Palma ist **die größte Stadt** auf Mallorca.

Der Superlativ setzt sich aus dem bestimmten Artikel bzw. Possessivbegleiter (**mi, tu**…) und dem Komparativ zusammen:

| el/la
los/las | + Substantiv | más
menos | + Adjektiv |

DENK DARAN!
Gleiche das Adjektiv immer dem Substantiv an!

¿Cómo se llama **tu mejor amiga**?
Wie heißt **deine beste Freundin**?
¡Este es **el mejor momento** para empezar!
Das ist **der beste Zeitpunkt**, um anzufangen!
¿Cuáles fueron **tus peores notas** el mes pasado?
Was waren im letzten Monat **deine schlechtesten Noten**?
¿Conoces **los peores sitios** de tu ciudad?
Kennst du **die schlimmsten Ecken** deiner Stadt?

Weil der Komparativ von **bueno** und **malo** unregelmäßig ist, ist es auch der Superlativ (▶ Nr. 2, S. 6):

| bueno: | el/la | mejor(es) | + Substantiv |
| malo: | los/las | peor(es) | |

¿Qué ciudad **te gusta más** en España?
Welche spanische Stadt **gefällt dir am besten**?
La ciudad **que más me gusta** es Granada.
Die Stadt, **die mir am besten gefällt**, ist Granada.
¿Cuál es la música **que más te gusta** escuchar?
Welche Musik **hörst du am liebsten**?

Mit dem Adverb **más** („am meisten / am besten") kann die Steigerung von **gustar** ausgedrückt werden („am liebsten mögen, am besten gefallen").

El chico que más me gusta es Daniel.

5 Das **pretérito indefinido** und das **pretérito imperfecto** | El pretérito indefinido y el pretérito imperfecto

En las vacaciones de verano **hacía** mucho calor. Yo me **aburría** un poco en casa de mis abuelos.
In den Sommerferien **war** es sehr heiß. Ich **langweilte** mich ein bisschen im Haus meiner Großeltern.

Beim Erzählen einer Geschichte in der Vergangenheit benutzt man im Spanischen meist beide Vergangenheitsformen. Die Geschichte fängt mit dem **pretérito imperfecto** an: Hier wird eine **Situation** in der Vergangenheit beschrieben, die eine Weile andauerte. Es passierte nichts Konkretes.

Pero el 15 de julio **llegó** Luna. Yo la **fui** a buscar al puerto. Por la tarde **fuimos** a la playa.
Aber am 15. Juli **kam** Luna. Ich **holte** sie am Hafen **ab**. Am Nachmittag **gingen** wir an den Strand.

Hier passierte etwas, eine **Handlung** folgte auf die andere. Es wird das **pretérito indefinido** benutzt.

En la playa **había** mucha gente. **Paseábamos** por ahí, cuando de repente **vimos** un grupo de chicos que **jugaba** en el agua.
Am Strand **waren** viele Leute. Wir **liefen** ein bisschen herum, als wir plötzlich eine Gruppe Jugendlicher **sahen**, die im Wasser **spielte**.

Hier wird erst die **Situation** am Strand im **pretérito imperfecto** beschrieben, die darauf folgende einmalige **Handlung** im **pretérito indefinido**.

Eran cinco chicos alemanes que **pasaban** sus vacaciones aquí en Mallorca.
Es **waren** fünf deutsche Jugendliche, die ihre Ferien hier auf Mallorca **verbrachten**.

Hier wird eine **Beschreibung** bzw. eine **Erklärung** eingeschoben: Auch dafür benutzt man das **pretérito imperfecto**.

Todos los días **quedábamos** para charlar o jugar algo, y un día, Luna y Florian **se enamoraron**.
Jeden Tag **trafen** wir uns, um zu quatschen oder etwas zu spielen, und eines Tages **verliebten sich** Luna und Florian.

Handlungen, die sich unbestimmt oft wiederholen, werden ebenfalls im **pretérito imperfecto** dargestellt. Eine **einzelne Handlung**, die aus diesen Ritualen herausragt, wird im **pretérito indefinido** wiedergegeben.

8 ocho

Así que las vacaciones **fueron** muy divertidas: nos **llevábamos** muy bien, **hablábamos** en español y en inglés, **aprendíamos** algunas palabras alemanas.
So **waren** die Ferien sehr lustig: Wir **verstanden** uns sehr gut, **unterhielten** uns auf Spanisch und auf Englisch und **lernten** einige deutsche Wörter.

Auch eine **Feststellung** bzw. eine **Beurteilung** wird im **pretérito indefinido** getroffen, die **Erklärung** dafür steht dagegen im **pretérito imperfecto**.

Pero el último día **fue** muy triste: **era** el momento de la despedida. **Acompañamos** a nuestros amigos al aeropuerto y nos **prometimos** chatear y escribirnos mensajes. **Lloramos** todos.
Aber der letzte Tag **war** sehr traurig: Es **war** der Moment des Abschieds. Wir **brachten** unsere Freunde zum Flughafen und **versprachen uns** zu chatten und SMS zu schreiben. Wir **weinten** alle.

Auch hier wird eine **Beurteilung** (**pretérito indefinido**) durch eine **Erklärung** (**pretérito imperfecto**) erläutert. Darauf folgt wieder eine **Handlungskette**, die im **pretérito indefinido** steht.

Um die beiden Vergangenheitszeiten richtig anzuwenden, hilft dir die Vorstellung, einen Film zu sehen:
Alles, was den **Hintergrund** darstellt und die **Situation** beschreibt, steht im **pretérito imperfecto**.
Die Handlungen, die im **Vordergrund** ablaufen, **neu** ins Bild gefasst werden, **anfangen**, **enden** und **aufeinander folgen**, werden im **pretérito indefinido** wiedergegeben.

DENK DARAN!
Pretérito imperfecto: WIE war es? (Situation)
Pretérito indefinido: WAS ist passiert? (Aktion)

¡Acuérdate!

Infinitiv		pas**ar**	com**er**	sal**ir**
Singular	1.	pas**é**	com**í**	sal**í**
	2.	pas**aste**	com**iste**	sal**iste**
	3.	pas**ó**	com**ió**	sal**ió**
Plural	1.	pas**amos**	com**imos**	sal**imos**
	2.	pas**asteis**	com**isteis**	sal**isteis**
	3.	pas**aron**	com**ieron**	sal**ieron**

➡ Du kennst bereits die Formen des **pretérito indefinido**. Es steht mit folgenden Zeitangaben: **ayer** (gestern), **hace ... días/semanas/...** (vor ... Tagen/Wochen/...), **a la(s)...** (um ... Uhr), **el año/mes/... pasado** (voriges Jahr / vorigen Monat/...), **en ...** (im Jahre ...), **al principio** (am Anfang). Auch steht es meist nach **entonces** (dann) und oft nach **cuando** (als).

⚠ Die folgenden Verben werden im **pretérito indefinido** unregelmäßig konjugiert: **ser, ir, estar, tener, poder, hacer, querer, venir** (▶ Die Verben, S. 42 ff.)

2 ENTRE JÓVENES

¡ACÉRCATE!

6 Der verneinte Imperativ | El imperativo negativo

Infinitiv → 1. Pers. Singular	hablar → hablo	comer → como	subir → subo
Singular (tú)	no hables	no comas	no subas
Plural (vosotros)	no habléis	no comáis	no subáis

Der Stamm des verneinten Imperativs entspricht in der Regel der 1. Person Singular Präsens Indikativ.
Bei den Verben auf **-ar** sind die Endungen für die 2. Pers. **-es** (Singular) bzw. **-éis** (Plural), bei den Verben auf **-er** und **-ir** lauten sie **-as** bzw. **-áis**.

Infinitiv → 1. Pers. Singular	contar → cuento	perderse → me pierdo
Singular (tú)	no cuentes	no te pierdas
Plural (vosotros)	no contéis	no os perdáis

Beachte, dass bei den diphthongierenden (= einen Doppellaut bildenden) Verben die Diphthongierung **-ue-** bzw. **-ie-** im **Singular** beibehalten wird, in der endungsbetonten Form (**Plural**) jedoch der Stammvokal des Infinitivs **-o-** bzw **-e-** auftaucht.

Infinitiv → 1. Pers. Singular	poner → pongo	hacer → hago	decir → digo	venir → vengo	ir → voy
Singular (tú)	no pongas	no hagas	no digas	no vengas	no vayas
Plural (vosotros)	no pongáis	no hagáis	no digáis	no vengáis	no vayáis

Denke daran, dass es einige Verben gibt, die in der 1. Person Singular Präsens unregelmäßig sind. Die Bildung des verneinten Imperativs ist jedoch regelmäßig.

⚠ Das Verb **ir** ist im verneinten Imperativ unregelmäßig.

No te vayas, por favor.
Geh bitte nicht weg.
No vayáis al cine a esta hora.
Geht um diese Zeit nicht mehr ins Kino.
No digas nada a mis padres.
Sag meinen Eltern nichts.
No hagáis los deberes en el bus.
Macht die Hausaufgaben nicht im Bus.

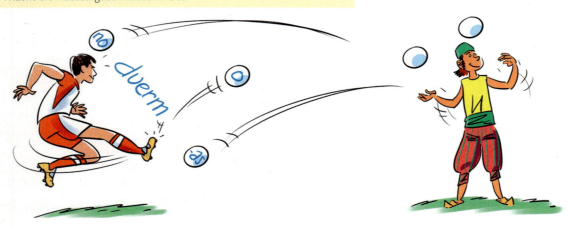

10 diez

Entre jóvenes | Para mí no es sólo un objeto

No te preocupes.
Mach dir keine Sorgen.
No te pongas así.
Stell dich nicht so an.
¡No me digas!
Sag bloß!
¡No me vengas con esos cuentos!
Komm mir bloß nicht mit solchen Geschichten!

LERNTIPP
Es gibt im Spanischen einige feste Redewendungen mit dem verneinten Imperativ. Lerne sie auswendig.

¡Acuérdate!

Infinitiv	hablar	comer	escribir
2. Pers. Sg. (tú)	habl**a**	com**e**	escrib**e**
2. Pers. Pl. (vosotros)	habl**ad**	com**ed**	escrib**id**

Du kennst bereits den bejahten Imperativ.

Infinitiv	levantarse	ponerse	irse
2. Pers. Sg. (tú)	lev**á**ntate	ponte	vete
2. Pers. Pl. (vosotros)	levantaos	poneos	idos

Die reflexiven Verben mit mehr als drei Silben haben im Imperativ des Singulars einen Akzent.
Denke daran, dass der Imperativ dieser Verben im Plural das **-d-** verliert; eine Ausnahme ist ¡**idos**!

venir: ¡**Ven**!
tener: ¡**Ten** cuidado!
hacer: ¡**Haz** los deberes!

ir: ¡**Ve** a la fiesta!
poner: ¡**Pon** el boli aquí!

⚠ Es gibt eine Reihe unregelmäßiger Imperative im Singular.

2A PARA MÍ NO ES SÓLO UN OBJETO

7 Das **presente de subjuntivo** | El presente de subjuntivo

7.1 Regelmäßige Bildung | Morfología regular

Infinitiv → 1. Pers. Sg. Präs. Ind.		cantar → canto	aprender → aprendo	vivir → vivo
Singular	1.	cant**e**	aprend**a**	viv**a**
	2.	cant**es**	aprend**as**	viv**as**
	3.	cant**e**	aprend**a**	viv**a**
Plural	1.	cant**emos**	aprend**amos**	viv**amos**
	2.	cant**éis**	aprend**áis**	viv**áis**
	3.	cant**en**	aprend**an**	viv**an**

Das **presente de subjuntivo** wird aus dem Stamm der Verben in der 1. Person Singular Präsens Indikativ gebildet.
Die Endungen für die Verben auf **-ar** sind:
-e / -es / -e / -emos / -éis / -en.
Für die Verben auf **-er** und **-ir** sind die Endungen gleich und lauten:
-a / -as / -a / -amos / -áis / -an.

DENK DARAN!
Die 2. Person Singular und Plural des **subjuntivo** entsprechen jeweils dem verneinten Imperativ im Singular und Plural.

once 11

Infinitiv	1. Pers. Sg. Ind.	1. Pers. Sg. Subj.
conocer	conozco	conozca
decir	digo	diga
hacer	hago	haga
poner	pongo	ponga
salir	salgo	salga
tener	tengo	tenga
traer	traigo	traiga
venir	vengo	venga

⚠ Denke daran, dass viele Verben im Indikativ eine orthografische Besonderheit oder eine unregelmäßige Form in der 1. Person Singular haben, z. B. **decir** → **digo**. Die **subjuntivo**-Formen leitest du ganz regelmäßig von diesem Stamm ab, z. B. <u>digo</u> → di<u>g</u>a, di<u>g</u>as, di<u>g</u>a, di<u>g</u>amos, di<u>g</u>áis, di<u>g</u>an.

Infinitiv → 1. Pers. Sg. Präs. Ind.		**cerrar** → cierro	**volver** → vuelvo	**repetir** → repito
Singular	1.	cierre	vuelva	repita
	2.	cierres	vuelvas	repitas
	3.	cierre	vuelva	repita
Plural	1.	cerremos	volvamos	repitamos
	2.	cerréis	volváis	repitáis
	3.	cierren	vuelvan	repitan

Die Verben, die im Indikativ Präsens diphthongieren (einen Doppellaut bilden), tun dies in denselben Personen auch im **subjuntivo**: das heißt in den stammbetonten Formen des Singulars und der 3. Person Plural.
Die Verben auf -ir, die im Indikativ Präsens den Stammvokal -e- in -i- umwandeln (z. B. repetir), haben diesen auch in den endungsbetonten Formen: repitamos, repitáis.

Infinitiv		**sentir**	**preferir**	**dormir**
Singular	1.	sienta	prefiera	duerma
	2.	sientas	prefieras	duermas
	3.	sienta	prefiera	duerma
Plural	1.	sintamos	prefiramos	durmamos
	2.	sintáis	prefiráis	durmáis
	3.	sientan	prefieran	duerman

Einige Verben auf -ir, die den Stammvokal von -e- zu -ie- diphthongieren, haben in der 1. und 2. Pers. Plural ein Stamm -i-. Dazu gehören **sentir** und **preferir**.
Bei dem Verb **dormir** ist der Stammvokal für die 1. und 2. Pers. Plural ein -u-.

7.2 Die sechs unregelmäßigen Verben | Los seis verbos irregulares

Infinitiv		**haber**	**estar**	**ser**
Singular	1.	haya	esté	sea
	2.	hayas	estés	seas
	3.	haya	esté	sea
Plural	1.	hayamos	estemos	seamos
	2.	hayáis	estéis	seáis
	3.	hayan	estén	sean

Im **subjuntivo** gibt es sechs unregelmäßige Verben: **haber**, **estar**, **ser**, **saber**, **ir** und **dar**.

LERNTIPP
Gehe beim Lernen der im **subjuntivo** unregelmäßigen Verben hin und her und sprich die Formen laut vor dich hin.

Infinitiv		**saber**	**ir**	**dar**
Singular	1.	sepa	vaya	dé
	2.	sepas	vayas	des
	3.	sepa	vaya	dé
Plural	1.	sepamos	vayamos	demos
	2.	sepáis	vayáis	deis
	3.	sepan	vayan	den

7.3 Der Gebrauch des subjuntivo (1) | El uso del subjuntivo (1)

Quiero que me escribas.
Ich möchte, dass du mir schreibst.

Der **subjuntivo** im Spanischen hat im Deutschen keine Entsprechung. Es gibt aber viele Gemeinsamkeiten mit der Anwendung des **subjonctif** im Französischen.
SPA **Quiero que vengas** a mi fiesta.
FRA **Je veux que tu viennes** à ma fête.

Espero que Juan me llame mañana.
Ich hoffe, dass Juan mich morgen anruft.
Mi abuela **quiere que** vayamos a verla.
Meine Großmutter möchte, dass wir sie besuchen kommen.

Der **subjuntivo** steht nach Verben, die eine **Willensäußerung** bzw. einen **Wunsch** ausdrücken, z. B. **esperar que**, **querer que**.

Mis padres **prefieren que** estudie lenguas.
Meine Eltern möchten lieber, dass ich Sprachen studiere.
No me gusta que Ana pase tanto tiempo con Adrián.
Es gefällt mir nicht, dass Ana so viel Zeit mit Adrián verbringt.
Me **encanta que** llueva.
Ich finde es großartig, dass es regnet.

Nach Verben und unpersönlichen Ausdrücken, die **Vorlieben** und **Gefallen** ausdrücken, folgt ebenfalls der **subjuntivo**, z. B. **preferir que**, **(no) me gusta que**, **me encanta que**.

A Pilar **no le importa que** haga buen tiempo.
Pilar ist es egal, dass gutes Wetter ist.

Auch nach unpersönlichen Ausdrücken, die **Gleichgültigkeit** bzw. **dessen Gegenteil** ausdrücken, muss der **subjuntivo** stehen, z. B. **(no) le importa que**.

8 Abgeleitete Adverbien | Adverbios derivados

Adjektiv		Adverb
♂	♀	
tranquilo	tranquila	tranquilamente
tradicional		tradicionalmente
independiente		independientemente
fácil		fácilmente

Im Spanischen können von den meisten Adjektiven Adverbien abgeleitet werden.
Bei den Adjektiven auf **-o** wird an die weibliche Form Singular (**-a**) die Endung **-mente** angehängt. In allen anderen Fällen wird die Endung **-mente** direkt an das Adjektiv angehängt. Hat das Adjektiv bereits einen Akzent, so bleibt dieser beim Adverb erhalten.

En casa puedo trabajar **tranquilamente**.
Zu Hause kann ich ruhig (= in Ruhe) arbeiten.
Normalmente Pablo estudia mucho.
Normalerweise (= meist) lernt Pablo viel.

Adverbien können sich auf Verben oder auch auf ganze Sätze beziehen.

9 Die Possessivpronomen und betonten Possessivbegleiter | Los pronombres posesivos y los adjetivos posesivos tónicos

9.1 Formen | Morfología

Besitz (Singular)		Besitz (Plural)	
♂	♀	♂	♀
mío	mía	míos	mías
tuyo	tuya	tuyos	tuyas
suyo	suya	suyos	suyas
nuestro	nuestra	nuestros	nuestras
vuestro	vuestra	vuestros	vuestras
suyo	suya	suyos	suyas

Die betonten Possessivbegleiter und die Possessivpronomen haben die selben Formen. Sie werden wie ein Adjektiv auf **-o** an das Bezugswort, ein Substantiv, angeglichen. Das Bezugswort ist der Besitz.

9.2 Gebrauch | Uso

Esta cámara, ¿es tuya?
Gehört diese Kamera dir?
Antes, este libro era suyo, ahora es mío.
Früher gehörte dieses Buch ihm/ihr, jetzt gehört es mir.
Ese no es mi móvil, el mío está aquí.
Das da ist nicht mein Handy, meins ist hier.

Conozco a dos amigos tuyos.
Ich kenne zwei deiner Freunde.
Alberto es un tío nuestro.
Alberto ist ein Onkel von uns.

Die Possessivpronomen und betonten Possessivbegleiter werden verwendet, um Zugehörigkeit hervorzuheben oder um auszudrücken, dass es sich um jemanden/etwas Bestimmtes unter mehreren handelt.
Als Pronomen stehen sie entweder nach dem Verb **ser** oder nach dem bestimmten Artikel.

Die betonten Possessivbegleiter stehen immer direkt nach dem Substantiv.

¡Acuérdate!

Singular		Plural	
mi	amigo/-a	mis	amigos/-as
tu	amigo/-a	tus	amigos/-as
su	amigo/-a	sus	amigos/-as
nuestro	amigo	nuestros	amigos
nuestra	amiga	nuestras	amigas
vuestro	amigo	vuestros	amigos
vuestra	amiga	vuestras	amigas
su	amigo/-a	sus	amigos/-as

Du kennst schon die unbetonten **Possessivbegleiter**. Die Endungen richten sich jeweils nach dem Substantiv, vor dem sie stehen.

2B Y TÚ, ¿PASAS?

10 Der Gebrauch des subjuntivo (2) | El uso del subjuntivo (2)

Es importante que participes en algún proyecto.
Es ist wichtig, dass du bei irgendeinem Projekt mitmachst.
No importa en qué proyecto participes.
Es ist unwichtig, bei welchem Projekt du mitmachst.
Es necesario que terminen las injusticias sociales.
Es ist notwendig, dass die sozialen Ungerechtigkeiten aufhören.

Der **subjuntivo** (▶ Nr. 7, S. 11) steht auch nach unpersönlichen Ausdrücken, mit denen eine **Bewertung**, ein **Gefühl** oder eine **Möglichkeit** ausgedrückt wird.

No es seguro que yo solo pueda cambiar algo.
Es ist nicht sicher, dass ich allein etwas ändern kann.
Pero **es seguro** que hay otros chicos que trabajan conmigo.
Aber es ist sicher, dass andere Jugendliche mit mir zusammenarbeiten.

No creo que muchos chicos quieran pasar.
Ich glaube nicht, dass viele Jugendliche gleichgültig sind.
Creo que la mayoría quiere ayudar.
Ich glaube, dass die Mehrheit helfen will.

No pienso que sea muy importante.
Ich denke nicht, dass es sehr wichtig ist.
Pienso que es muy importante.
Ich denke, dass es sehr wichtig ist.

Pablo **no opina que** las injusticias estén muy lejos.
Pablo meint nicht, dass die Ungerechtigkeiten weit weg sind.
¿Quién **opina que** los jóvenes no se interesan por nada?
Wer ist der Meinung, dass die Jugendlichen sich für nichts interessieren?

Mit **no es seguro que** wird eine Möglichkeit ausgedrückt, mit **es seguro que** jedoch eine Gewissheit. Letztere steht nicht im **subjuntivo**, sondern im Indikativ. Das Gleiche gilt auch für die Verben **creer**, **pensar** und **opinar** (Verben des **Denkens**, **Sagens** und **Meinens**). Werden sie verneint, folgt der **subjuntivo**, ansonsten der Indikativ.

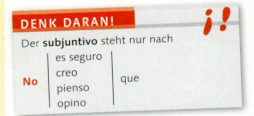

DENK DARAN!

Der **subjuntivo** steht nur nach

| **No** | es seguro
creo
pienso
opino | que |

Hay que hacer algo **para que** cambie el mundo.
Man muss etwas tun, damit sich die Welt verändert.

Auch nach der Konjunktion **para que** steht immer der **subjuntivo**.

quince 15

11 Das Relativpronomen lo que | El pronombre relativo lo que

Cuéntame **lo que** has hecho esta tarde.
Erzähle mir, **was** du heute Nachmittag gemacht hast.

Lo que quiero decir es que no me gusta esta comida.
Was ich sagen will, ist, dass ich dieses Essen nicht mag.

Lo que no me gusta es hacer los deberes por la noche.
Was ich überhaupt nicht mag, ist abends Hausaufgaben zu machen.

Lo que dices no es verdad.
(Das,) **was** du sagst, ist nicht wahr.

Lo que me gusta hacer es ayudar a otras personas.
(Das,) **was** ich gern mache, ist anderen Leuten zu helfen.

Das Relativpronomen **lo que** bezieht sich auf einen ganzen Satz oder eine umfassende Aussage. Der Relativsatz mit **lo que** kann vor oder hinter dem Hauptsatz stehen.
⚠ Beim deutschen Relativpronomen „das, was" wird meist „das" nicht genannt. Im Spanischen musst du hingegen immer das vollständige Pronomen **lo que** verwenden.

DENK DARAN!
Lo que heißt immer "(das) was"

Das spanische **lo que** entspricht dem französischen **ce que**.
FRA   Raconte-moi **ce que** tu as fait.
SPA   Cuéntame **lo que** has hecho.

Lo que me encanta es quedarme en la cama hasta el mediodía...

¡Acuérdate!

Los zapatos **que** llevas, ¿dónde los compraste?
Wo hast du die Schuhe, **die** du trägst, gekauft?
Este es un libro **que** me gusta mucho.
Das ist ein Buch, **das** mir sehr gefällt.
El chico **que** está al lado de Luna se llama Paco.
Der Junge, **der** neben Luna steht, heißt Paco.
Las chicas **que** están bailando son Clara y Luna.
Die Mädchen, **die** tanzen, sind Clara und Luna.

Du kennst bereits das spanische Relativpronomen **que**. Es bezieht sich immer auf ein konkretes Subjekt oder Objekt.

3 ¡SIENTE MÉXICO!

¡ACÉRCATE!

12 Der reale Bedingungssatz im Präsens | La oración condicional real en presente

Si te gustan los mariachis, **tienes que ir** al Zócalo.
Wenn du Mariachi-Musik magst, musst du zum Zócalo gehen.
Si tenemos tiempo, **vamos a visitar** Teotihuacán.
Wenn wir Zeit haben, werden wir Teotihuacán besichtigen.
Si tenéis ganas de hacer surf, **idos** a la playa de Oaxaca.
Wenn ihr Lust auf Surfen habt, dann fahrt zum Strand von Oaxaca.

Im realen Bedingungssatzgefüge steht im Nebensatz mit **si** immer der Indikativ Präsens, im Hauptsatz entweder der Indikativ Präsens, das Futur oder der Imperativ. Das ist im Deutschen genauso.

3A DIARIO DE VIAJE

13 Der absolute Superlativ | El superlativo absoluto

	♂	♀
Adjektive (Grundform)	especial caro grande	
Singular	especial**ísimo** car**ísimo** grand**ísimo**	especial**ísima** car**ísima** grand**ísima**
Plural	especial**ísimos** car**ísimos** grand**ísimos**	especial**ísimas** car**ísimas** grand**ísimas**

México es **interesantísimo**.
Mexiko ist **äußerst interessant**.
México es un país **grandísimo**.
Mexiko ist ein **total großes** Land.
Estos chicos son **guapísimos**.
Diese Jungen sehen **total gut** aus.
La comida mexicana es **buenísima**.
Das mexikanische Essen ist **unglaublich gut**.
Estas tortillas son **riquísimas**.
Diese Tortillas sind **wahnsinnig lecker**.

difícil	→	dificilísimo
fácil	→	facilísimo
rico	→	riquísimo
largo	→	larguísimo

Mit dem absoluten Superlativ wird eine Eigenschaft ganz besonders betont. Anders als beim „normalen" Superlativ besteht kein Vergleich zu anderen Personen oder Sachen.
Die Endungen sind **-ísimo, -ísima, -ísimos, -ísimas**. An die Adjektive, die auf einem Konsonanten enden, werden die Endungen direkt angehängt. Adjektive, die auf einem Vokal enden, verlieren diesen im absoluten Superlativ. Im Deutschen gibt es keine direkte Entsprechung, vielmehr wird dort ein steigerndes Adverb (z. B. „äußerst", „total", „unglaublich", „wahnsinnig") benutzt. Die Endungen des absoluten Superlativs sind auf den lateinischen Superlativ zurückzuführen:
SPA largo → larguísimo
LAT longus → longissimus

DENK DARAN!
Gleiche die Endung des Superlativs immer dem Substantiv an!

Adjektive, die einen Akzent haben, verlieren diesen hier, da die Endung des absoluten Superlativs schon einen verlangt.
Um die Aussprache zu erhalten, wird **c** vor **í** zu **qu** und **g** vor **í** zu **gu**.

3 ¡Siente México! | Diario de viaje

14 Der Gebrauch von ser und estar (3) | El uso de ser y estar (3)

ser	estar
Los tacos **son** muy buenos. Tacos sind sehr lecker. La comida en esta cafetería **es** mala. Das Essen in dieser Cafeteria ist schlecht. (= Qualität) Daniel **es** malo. Daniel hat einen schlechten Charakter.	Estas tortillas **están** riquísimas. Diese Tortillas sind superlecker. Esta quesadilla **está** mala. Diese Quesadilla ist schlecht. (= verdorben) Hoy Paco **está** malo. Heute geht es Paco schlecht.

Für das deutsche Verb „sein" gibt es im Spanischen zwei Verben: **ser** und **estar**.

Mit dem Verb **ser** wird eine **grundsätzliche Eigenschaft** einer Person oder Sache beschrieben. Im Beispiel ist gemeint, dass Tacos als Gericht **immer** lecker sind bzw. das Essen in einer bestimmten Cafeteria **immer** schlecht ist bzw. dass Daniel einen schlechten Charakter hat (= **charakteristische Eigenschaft**).

Das Verb **estar** wird verwendet, um einen **vorübergehenden Zustand** zu beschreiben. Im Beispiel sind die Tortillas, die ich **gerade** esse, sehr lecker, wohingegen die Quesadilla, die ich **gerade** esse, schlecht ist. Und Paco geht es nur heute schlecht (= **vorübergehender Zustand**).

LERNTIPP
Mit Hilfe der Abbildung kannst du leichter entscheiden, ob du **ser** oder **estar** verwenden musst.

15 Der Gebrauch von por und para | El uso de las preposiciones por y para

por	para
Ortsangabe ¿Cuándo vais a hacer el viaje **por** México? Wann macht ihr die Reise **durch** Mexiko?	**Richtung** Miguel va **para** Alemania. Miguel fährt **nach** Deutschland.
Grund Lo hice **por** ti. Das habe ich **wegen** dir getan.	**Zweck** Voy al cine **para** ver una película. Ich gehe ins Kino, **um** einen Film **zu** sehen.
feste Wendungen ¿Te **interesas por** México? **Interessierst** du **dich für** Mexiko? **Gracias por** la receta. Danke **für** das Rezept. **Compré** el libro **por** 5 euros. Ich habe das Buch **für** 5 Euro gekauft. Miguel pregunta **por** Marina. Miguel fragt **nach** Marina.	**In der Bedeutung von „für"** Este regalo es **para** ti. Dieses Geschenk ist **für** dich. Leo el libro **para** la clase de inglés. Ich lese das Buch **für** den Englischunterricht.

Die Präpositionen **por** und **para** können verschiedene Bedeutungen haben. Die wichtigsten sind hier zusammengefasst.
In **hacer un viaje por**… übersetzt man **por** mit „durch". **Por** wird auch häufig zur Angabe eines Grundes verwendet und entspricht dann dem deutschen „wegen".
Häufig entspricht **por** auch dem deutschen „für". Es steht dann zwingend nach einigen Verben, wie **interesarse por**, vor Preisangaben (**por … euros**) und zur Nennung des Grundes für einen Dank in **gracias por**. In der Wendung **preguntar por** entspricht es dem deutschen „nach".

In Verbindung mit Orten bedeutet **para** „nach". Verwendet man **para** zur Angabe eines Zwecks, entspricht es dem deutschen „um zu". **Para** kann ebenfalls die Bedeutung von „für" haben, nämlich wenn etwas für jemanden oder für etwas bestimmt ist.

18 dieciocho

16 Der Gebrauch des subjuntivo (3) | El uso del subjuntivo (3)

Ojalá Miguel nos <u>lleve</u> al Popocatépetl.
Hoffentlich bringt Miguel uns zum Popocatépetl.
Ojalá que no <u>llueva</u>.
Hoffentlich regnet es nicht.

Nach der Interjektion **ojalá (que)** wird der **subjuntivo** benutzt (▶ Nr. 7, S. 11). **Ojalá** kann mit oder ohne **que** stehen.

3B UN DÍA MÁS…

17 Zwei Objektpronomen im Satz | Dos pronombres de complemento en la oración

17.1 Formen | Morfología

indirektes Objekt-pronomen („wem?")	direktes Objektpronomen („wen?" / „was?")
me (mir)	
te (dir)	**lo** (ihn, es)
se (~~le~~) (ihm, ihr, Ihnen)	**la** (sie, es)
nos (uns)	**los** (sie)
os (euch)	**las** (sie)
se (~~les~~) (ihnen, Ihnen)	

Bei der Verwendung zweier Objektpronomen sind im Spanischen einige Besonderheiten zu beachten:
In der 3. Person werden die indirekten Objektpronomen **le** (Sg.) und **les** (Pl.) zu **se**.

DENK DARAN!
Treffen **lo**, **la**, **los** oder **las** auf **le** oder **les**, werden **le** und **les** zu **se**.

17.2 Stellung und Gebrauch | Posición y uso

Me ha dado <u>las tortillas</u>. → **Me las** ha dado.
Sie hat mir die Tortillas gegeben. → Sie hat sie mir gegeben.

Te compró <u>el libro</u>. → **Te lo** compró.
Er hat dir das Buch gekauft. → Er hat es dir gekauft.

Ayer <u>le</u> mandé <u>un e-mail</u> <u>a Aixa</u>.
Gestern habe ich Aixa eine E-Mail geschickt.
¿Cuándo **se lo** mandaste?
Wann hast du sie ihr geschickt?

Im ersten und zweiten Beispiel stehen die indirekten Objektpronomen **me** und **te** schon da, und die direkten Objekte las tortillas und el libro werden durch **las** bzw. **lo** ersetzt.

Im dritten Beispiel werden beide Objekte (el e-mail / a Aixa) durch die Objektpronomen ersetzt: el e-mail durch **lo**, a Aixa durch **se**.

⚠ Anders als im Deutschen steht im Spanischen das indirekte **vor** dem direkten Objektpronomen. Das ist im Französischen genauso:
DEU – Gibst du Ana das Buch?
– Ja, ich gebe es ihr.
SPA –¿Le das el libro a Ana?
–Sí, **se lo** doy.
FRA – Est-ce que tu donnes le livre à Ana?
– Oui, je le lui donne.

diecinueve **19**

No **me lo** dice.
Er sagt es mir nicht.

D**í**me**lo**. / C**ó**mpra**me**lo.
Sag es mir! / Kauf es mir!

Quiere dec**í**r**me**lo. / **Me lo** quiere decir.
Er will es mir sagen.
Te lo estoy explicando. / Estoy explic**á**ndo**te**lo.
Ich erkläre es dir gerade.

Zwei Objektpronomen können verschiedene Stellungen im Satz einnehmen:
– Sie stehen vor dem konjugierten Verb.
– Sie werden an den bejahten Imperativ angehängt.
– Bei Infinitivkonstruktionen können sie vor dem konjugierten Verb stehen oder an den Infinitiv angehängt werden. Das gleiche gilt für **gerundio**-Konstruktionen.

DENK DARAN!
Werden Objektpronomen angehängt, erhält der Vokal der betonten Verbsilbe einen Akzent.

18 Alguno und ninguno | Alguno y ninguno

18.1 Formen | Morfología

	♂	♀
Singular	algun**o** (algún) ningun**o** (ningún)	algun**a** ningun**a**
Plural	algun**os** (ningun**os**)	algun**as** (ningun**as**)

Die Indefinitbegleiter und -pronomen **alguno** und **ninguno** entsprechen dem deutschen „irgendein" bzw. „kein einziger".
⚠ Die Pluralformen von **ninguno** werden nicht verwendet.

18.2 Gebrauch | Uso

Algún día voy a ir a México.
Irgendwann (= an irgendeinem Tag) werde ich nach Mexiko reisen.
¿Conoces a **algunos** chicos mexicanos?
Kennst du (einige) Jugendliche aus Mexiko?
Ningún lugar me parece interesante.
Kein (einziger) Ort scheint mir interessant zu sein.
No conozco **ninguna** palabra en tzotzil.
Ich kenne kein einziges Wort auf Tzotzil.

Als **Begleiter** werden **alguno** und **ninguno** an die Substantive, auf die sie sich beziehen, angeglichen. Dabei verlieren **alguno** und **ninguno** das **-o**, wenn sie einem männlichen Substantiv im Singular vorangestellt sind. Dafür erhält das **u** jeweils einen Akzent.
Wenn **ninguno** als Begleiter *nicht* am Satzanfang steht, steht zusätzlich noch ein **no** vor dem Verb.

Indefinitpronomen

¿**Algunos** de tus compañeros de clase hablan tzotzil?
Sprechen einige deiner Klassenkameraden Tzotzil?
No, **ninguno**.
Nein, niemand / kein einziger.
¿Conoces **alguna** de estas frutas?
Kennst du (irgend)eine dieser Früchte?
No, **ninguna**.
Nein, keine (einzige).
¿**Algunas** de estas chicas son españolas?
Sind einige dieser Mädchen Spanierinnen?
No, **ninguna**.
Nein, keine (einzige).

Alguno und **ninguno** als **Pronomen** ersetzen jeweils Substantive.
Wenn aus einer Menge auszuwählen ist, stehen sie mit der Präposition **de**.
Anders als in ihrer Funktion als Begleiter behalten sie in der maskulinen Singularform das Endungs **-o**.

¿Conoces a **algunos** chicos españoles?
Kennst du spanische Jugendliche?
Sí, conozco a **algunos**.
Ja, ich kenne ein paar.
¿Conoces a **algunos** de estos chicos?
Kennst du einige dieser Jungen?
No, a **ninguno**.
Nein, keinen (einzigen).

Beziehen sich **alguno** bzw. **ninguno** auf Personen, z. B. in Verbindung mit dem Verb **conocer**, so stehen sie mit der Präposition **a**.

EVALUACIÓN 1

Hier kannst du selbstständig deine Grammatikkenntnisse testen. Die Lösungen findest du auf S. 54/55.

EL PRETÉRITO IMPERFECTO

1 a Notiere die Formen des pretérito imperfecto der folgenden Verben in einer Tabelle.

	pensar	tener	escribir	ver	ser	ir
1.						
2.						
3.						
1.						
2.						
3.						

b 1. Was musst du bei den Verben auf -ar und bei ir und ser beachten?

2. Was musst du bei den Verben auf -er und -ir und bei ver beachten?

EL PRETÉRITO IMPERFECTO Y EL PRETÉRITO INDEFINIDO

2 a Welche der folgenden Zeitangaben können mit dem pretérito indefinido und welche mit dem pretérito imperfecto stehen?

> a las tres   todos los días   la semana pasada   al principio   en aquella época   después   ayer
> un día   de repente   normalmente   el año pasado   hace dos días   siempre   antes

b Wann verwendest du das pretérito imperfecto, wann das pretérito indefinido? Versuche, mit je einem Begriff zu antworten.

EL COMPARATIVO Y EL SUPERLATIVO

3 a Wie sagst du diese Sätze im Spanischen?

1. Pablo ist größer als Jorge.
2. Diese DVD ist nicht so teuer wie diese dort.
3. Für Ana ist die Matheprüfung schlimmer als die Physikprüfung.
4. Jorge hat bessere Noten als Lola.
5. Er hat die beste Note in Deutsch.
6. Heute ist der schlimmste Tag der Woche!
7. Luna ist das interessanteste Mädchen der Klasse.
8. Paula ist weniger sportlich als Pablo.

b Wie bildest du im Spanischen den Komparativ und wie den Superlativ?

c Welche Adjektive haben unregelmäßige Steigerungsformen?

4 a Bilde von den folgenden Adjektiven den absoluten Superlativ.

> interesante   caro   malo   rico   bueno   difícil

b Was ist beim absoluten Superlativ von rico und difícil zu beachten?

22 veintidós

EL SUBJUNTIVO

5 a Von welcher Verbform wird das presente de subjuntivo abgeleitet?

b Wie lauten die 1. Person Singular und Plural des presente de subjuntivo dieser Verben?

> leer   estudiar   empezar   pedir   conocer   tener   decir

c Welches sind die sechs unregelmäßigen Verben des presente de subjuntivo? Konjugiere sie.

6 Subjuntivo oder Indikativ? Schreibe die Sätze in dein Heft und ergänze sie mit der jeweils richtigen Verbform.

1. Creo que Pablo (*volver*) esta tarde.
2. Es importante que me (*llamar*).
3. No pienso que Daniel (*ir*) a México este año.
4. Ana no cree que este examen (*ser*) importante.
5. A Andrés no le importa si (*hacer*) sol o no.
6. Es importante que (*participar / nosotros*) en un proyecto.
7. Es seguro que Luna (*querer*) mucho a Florian.
8. Opino que (*trabajar / vosotros*) demasiado.

EL IMPERATIVO NEGATIVO

7 a Verneine die folgenden Aufforderungen.

1. Habla con él.
2. Llámame.
3. Levantaos.
4. Escribidles.
5. Díselo.
6. Poned la mesa ahora.
7. Dúchate.
8. Ayúdalos.

b Mit welcher grammatischen Form ist der verneinte Imperativ identisch?

LOS ADVERBIOS

8 a Leite von den folgenden Adjektiven Adverbien ab.

> independiente   tranquilo/-a   normal   fácil   real

b Schreibe die Sätze in dein Heft und entscheide, ob sie mit einem Adjektiv oder Adverb stehen müssen.

1. ? pienso mucho en ti. (normal)
2. Poca gente piensa que es ? que haya injusticias sociales. (normal)
3. Carla es una chica ? . (interesante)
4. Pablo hace sus deberes ? en casa. (tranquilo)

EL PRONOMBRE RELATIVO LO QUE

9 a Lo que oder que? Entscheide, welcher Satz jeweils richtig ist.

1. a) Dice lo que piensa. / b) Dice que piensa.
2. a) El profe siempre me pregunta lo que no sé. / b) El profe siempre me pregunta que no sé.
3. a) El chico lo que ves en la foto es Juan. / b) El chico que ves en la foto es Juan.
4. a) Lo que me gusta mucho es trabajar con niños. / b) Que me gusta mucho es trabajar con niños.

b Wie drückst du lo que im Deutschen aus?

1

SER Y ESTAR

10 a Vervollständige die Sätze mit der entsprechenden Form von ser bzw. estar.

1. Laura ? una chica buena.
2. Esta paella ? riquísima.
3. La comida en México ? buenísima.
4. Hoy Jorge ? malo.

b Wann verwendest du estar + Adjektiv und wann ser + Adjektiv?

POR Y PARA

11 Schreibe die Sätze in dein Heft und ergänze sie mit por oder para.

1. Jorge se interesa ? Alemania.
2. Vamos al estadio ? ver un concierto.
3. Ana compró los vaqueros ? 30 Euro.
4. Este tren va ? Barcelona.
5. Este regalo es ? mi abuela.
6. ¡Gracias ? el regalo!

ALGUNO Y NINGUNO

12 Ergänze die folgenden Sätze mit der passenden Form von alguno (+) oder ninguno (–).

1. [+] de las amigas de Ana son mexicanas.
2. En [+] momento Jorge va a empezar a tocar la guitarra.
3. [–] compañero de mi clase sabe hablar tzotzil.
4. [–] de mis amigos sabe preparar mole.

LOS PRONOMBRES DE OBJETO

13 a Um welche Art von Objektpronomen handelt es sich? Ordne sie in einer Tabelle ein.

		indirektes Objektpronomen	direktes Objektpronomen
Sg.	1.		
	2.		
	3.		
Pl.	1.		
	2.		
	3.		

me la os nos
los les las
le te lo

b Was passiert mit dem indirekten Objektpronomen in der 3. Person Singular bzw. Plural, wenn ein direktes Objektpronomen in der 3. Person Singular bzw. Plural folgt?

c Ersetze die unterstrichenen Objekte durch die entsprechenden Pronomen. Notiere dahinter, ob es sich um ein direktes oder indirektes Objektpronomen handelt.

1. Te doy el libro mañana.
2. ¿Puedes llamar a Jorge?
3. A Marta le regalamos una camiseta.
4. Ana le lleva un libro a su abuela.
5. ¿Puedes dar la peli a Lola?
6. Aixa quita los libros a sus hermanos.

4 UN PASEO POR MADRID

¡ACÉRCATE!

19 Der Imperativ in der Höflichkeitsform | El imperativo con usted y ustedes

Infinitiv	hablar	comer	escribir
Singular (usted)	(no) hable	(no) coma	(no) escriba
Plural (ustedes)	(no) hablen	(no) coman	(no) escriban

Für den Imperativ in der Höflichkeitsform wird die 3. Person Singular (**usted**) bzw. Plural (**ustedes**) des **subjuntivo** benutzt. Das gilt auch für den verneinten Imperativ. ▶ Nr. 6, S. 10
Das heißt, es gelten die selben Unregelmäßigkeiten und orthografischen Besonderheiten wie beim **subjuntivo**. ▶ Nr. 7, S. 14

¿Quiere ir a Toledo? Pues **tome** el bus.
Sie möchten nach Toledo fahren? Dann nehmen Sie doch den Bus.
¡**Oigan**, señores! No **olviden** sus billetes.
Hören Sie (*Pl.*)! Vergessen Sie Ihre Fahrscheine nicht!
Para ir al aeropuerto, **cojan** la línea 2.
Um zum Flughafen zu kommen, nehmen Sie (*Pl.*) die Linie 2.
Para ir al Prado, **siga** todo recto. **Cruce** esta calle.
Um zum Prado zu kommen, gehen Sie weiter geradeaus. Überqueren Sie diese Straße.

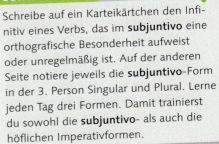

LERNTIPP
Schreibe auf ein Karteikärtchen den Infinitiv eines Verbs, das im **subjuntivo** eine orthografische Besonderheit aufweist oder unregelmäßig ist. Auf der anderen Seite notiere jeweils die **subjuntivo**-Form in der 3. Person Singular und Plural. Lerne jeden Tag drei Formen. Damit trainierst du sowohl die **subjuntivo**- als auch die höflichen Imperativformen.

Señoras, **siéntense**, por favor.
Meine Damen, setzen Sie sich bitte.
¿Tiene frío? **Póngase** su chaqueta.
Ist Ihnen kalt? Ziehen Sie sich Ihren Mantel an.

Bei den reflexiven Verben wird das Reflexivpronomen direkt an die jeweilige Imperativform angehängt. Das kennst du schon vom bejahten Imperativ. (▶ ¡**Acuérdate!**, S. 11).

Explíquenme el camino, por favor.
Erklären Sie mir bitte den Weg.
¿No puede leer el plan? **Démelo**, le ayudo.
Sie können den Stadtplan nicht lesen? Geben Sie ihn mir, ich helfe Ihnen.
¿El señor García todavía no lo sabe? Entonces d**íga**selo.
Herr García weiß noch nichts davon? Dann sagen Sie es ihm!

Auch die Objektpronomen werden direkt an den Imperativ angehängt. Bei zwei Objektpronomen steht zuerst das indirekte, dann das direkte Objektpronomen. Das weißt du bereits aus **Unidad 3** (▶ Nr. 17, S. 19).

DENK DARAN! ¡!
Denke bei den Imperativen mit angehängten Pronomen an die Akzentsetzung!

No **se vaya** de aquí.
Gehen Sie nicht weg von hier.
No saben que estoy aquí. Y por favor, **no se lo cuente**.
Sie wissen nicht, dass ich hier bin. Und bitte erzählen Sie es ihnen nicht.

Wird der Imperativ verneint, stehen die Objekt- bzw. Reflexivpronomen jeweils zwischen dem **no** und der konjugierten Verbform.

4A ¡ME HE QUEDADO A CUADROS!

20 Das Perfekt | El pretérito perfecto

20.1 Formen | Morfología

		haber	Partizip
Singular	1.	he	
	2.	has	
	3.	ha	hablado
			comido
Plural	1.	hemos	vivido
	2.	habéis	
	3.	han	

Das **pretérito perfecto** wird aus einer konjugierten Präsensform des Hilfsverbs **haber** und dem Partizip des Vollverbs gebildet.

Infinitiv	hablar	comer	vivir
Partizip	hablado	comido	vivido

Das Partizip der Verben auf **-ar** endet auf **-ado**, das der Verben auf **-er** und **-ir** auf **-ido**. Die Partizipien sind unveränderlich.

leer → leído
creer → creído

Wird die Endung **-ido** an **e** oder **a** angehängt, erhält das **i** einen Akzent.

abrir	→ abierto	morir	→ muerto
decir	→ dicho	poner	→ puesto
escribir	→ escrito	ver	→ visto
hacer	→ hecho	volver	→ vuelto
ir	→ ido		

⚠ Einige Verben haben unregelmäßige Partizipien.

LERNTIPP
Schreibe die Infinitive der Verben mit unregelmäßigen Partizipien auf kleine Karteikarten. Auf der Rückseite notiere jeweils das Partizip, z. B. **decir** / **he dicho**. Lerne jeden Tag zwei neue Partizipien.

20.2 Stellung und Gebrauch | Posición y uso

Hoy han llegado los alemanes.
Heute sind die Deutschen angekommen.
Esta semana lo **hemos pasado** bomba.
Diese Woche haben wir viel Spaß gehabt.
Esta mañana he comido mucho.
Heute Morgen habe ich viel gegessen.
¿**Ya has escrito** un mensaje a Jan?
Hast du Jan schon eine SMS geschrieben?

¿**Has estado alguna vez** en España?
Bist du schon mal in Spanien gewesen?
Ya he estado en Madrid pero **nunca he ido** a Mallorca.
Ich bin schon in Madrid gewesen, aber ich bin (noch) nie nach Mallorca gereist.

Ismael y Toño **todavía no han estado** en Alemania.
Ismael und Toño sind noch nicht in Deutschland gewesen.
Nunca he estado en América Latina.
Ich bin noch nie in Lateinamerika gewesen.
Hasta ahora **no hemos hecho** muchas cosas.
Bis jetzt haben wir nicht viel getan.

¿A qué hora **te has despertado hoy**?
Um wie viel Uhr bist du heute aufgewacht?
¿**Alguna vez te has quedado** todo el día en la cama?
Bist du schon mal den ganzen Tag im Bett geblieben?
Pilar **todavía no se ha acostado**.
Pilar hat sich immer noch nicht hingelegt.

¿La carta para Juan? **Ya se la he mandado**.
Den Brief an Juan? Den habe ich ihm schon geschickt.

Das **pretérito perfecto** wird für einen vergangenen Zeitraum verwendet, der aus Sicht des Sprechers noch in Verbindung mit der Gegenwart steht. Darauf können die folgenden Zeitangaben hinweisen: **hoy, esta mañana/tarde/noche, este mes/año, ya, hasta ahora, desde entonces, alguna vez, todavía no** und **nunca**.

Die Verneinungsadverbien sowie die Objekt- bzw. Reflexivpronomen stehen immer vor dem konjugierten **haber**. Das ist im Deutschen anders, aber im Französischen ganz ähnlich:
SPA   **No** te he llamado.
FRA   Je **ne** t'ai **pas** appelé(e).
DEU   Ich habe dich **nicht** angerufen.

4B GUÍA DE MADRID

21 Der Gebrauch des pretérito indefinido und des Perfekts | El uso del pretérito indefinido y del pretérito perfecto

La semana pasada llegaron los chicos alemanes.
Letzte Woche sind die deutschen Jugendlichen angekommen.
Esta semana nos hemos divertido mucho.
Diese Woche haben wir viel Spaß gehabt.
En 1868 el Retiro **se convirtió** en un parque público.
(Im Jahre) 1868 wurde der Retiro ein öffentlicher Park.
Desde entonces lo **han visitado** muchos turistas.
Seitdem haben ihn viele Touristen besucht.
¿**Has estado alguna vez** en el Reina Sofía?
Bist du schon mal im Reina Sofía gewesen?
Sí, yo **fui una vez**.
Ja, ich bin einmal hingegangen.

Es gibt eine Reihe von Zeitangaben, durch die festgelegt wird, ob ein Satz im **pretérito indefinido** oder im **pretérito perfecto** stehen muss. Aus Band 1 / Unidad 6 kennst du schon die häufigsten Zeitangaben für das **pretérito indefinido**. Dazu gehören: **la semana pasada / el mes pasado, en (el año) 1868 / en el siglo IX, un día, ayer, hace dos días / hace una semana / hace cinco años / (…), aquel día, a las (tres), una vez, al principio, entonces, después, más tarde, hasta ayer / hasta el siglo XIX / (…)**.

No, **todavía no** he estado allí.
Nein, ich bin noch nicht da gewesen.
Ayer visitamos el estadio Bernabéu.
Gestern besichtigten wir das Bernabéu-Stadion.
Hoy hemos visitado el Museo del Prado.
Heute haben wir das Prado-Museum besucht.
Al principio fue muy interesante.
Am Anfang war es sehr interessant.
Más tarde estuvimos muy cansados.
Später waren wir sehr müde.
¿**Ya** has ido a Toledo?
Bist du schon mal nach Toledo gefahren?
No, **todavía no** he ido.
Nein, ich bin noch nicht hingefahren.
Pero Sonja **fue ayer**.
Aber Sonja ist gestern hingefahren.

Die Sätze, in denen das **pretérito indefinido** steht, beinhalten Zeitangaben, die auf einen in der Vergangenheit abgeschlossenen Zeitraum oder Zeitpunkt verweisen.

Das **pretérito perfecto** steht häufig mit den Zeitangaben, die bereits unter ▶ Nr. 20.2, S. 27 genannt wurden. Sie verweisen auf einen Zeitraum, der noch nicht abgeschlossen ist bzw. der beim Sprechen noch eine Rolle spielt. So bezieht sich z. B. **esta semana** auf diese Woche, also die Woche, die noch andauert. Oder mit **todavía no** drückt man aus, dass etwas bis heute noch nicht passiert ist.

Hasta el siglo XIX la Plaza Mayor **fue** una plaza de toros.
Bis zum 19. Jahrhundert war die Plaza Mayor eine Stierkampfarena.
Hasta hoy la plaza no **ha cambiado** mucho.
Bis heute hat sich der Platz nicht sehr verändert.

Hinter der Zeitangabe **hasta** steht das **pretérito indefinido**, wenn eine Zeitangabe der Vergangenheit folgt, z. B. **el siglo XIX, aquel día, hace dos días**. Es steht das **pretérito perfecto**, wenn eine Zeitangabe der Gegenwart folgt, z. B. **hoy**, **ahora**.

¿Qué tal la tortilla española?
Wie hat dir die spanische Tortilla geschmeckt?
No la **he probado**.
Ich habe sie (noch) nicht probiert. (→ *hatte es aber eigentlich vor und werde es bestimmt demnächst tun*)
No la **probé**.
Ich habe sie nicht probiert. (→ *und habe es auch nicht vor.*)

In Sätzen ohne Zeitangaben muss der Sprecher wissen, ob der Inhalt der Aussage für ihn noch eine Bedeutung in der Gegenwart hat oder endgültig abgeschlossen ist.

5 ¡COMUNÍCATE!

5A LAS AULAS DEL FUTURO

22 Das Futur | El futuro simple

22.1 Regelmäßige Formen | Morfología regular

Infinitiv		usar	aprender	escribir
Singular	1.	usar**é**	aprender**é**	escribir**é**
	2.	usar**ás**	aprender**ás**	escribir**ás**
	3.	usar**á**	aprender**á**	escribir**á**
Plural	1.	usar**emos**	aprender**emos**	escribir**emos**
	2.	usar**éis**	aprender**éis**	escribir**éis**
	3.	usar**án**	aprender**án**	escribir**án**

Der Stamm des Futurs ist der Infinitiv. An ihn werden die Endungen des Futurs angehängt: **-é, -ás, -á, -emos, -éis** und **-án**. Sie sind für alle Verben gleich.

WEISST DU'S? ▶ Lösung, S. 54

Außer der 1. Person Plural haben alle Formen einen Akzent. Kannst du erklären, warum?

22.2 Unregelmäßige Formen | Morfología irregular

tener: **tendré, tendrás,** …
poder: **podré, podrás,** …
hacer: **haré, harás,** …
haber: **habré,** …
⚠ hay: **habrá**
decir: **diré, dirás,** …

saber: **sabré, sabrás,** …
salir: **saldré, saldrás,** …
venir: **vendré, vendrás,** …
poner: **pondré, pondrás,** …
querer: **querré, querrás,** …

Einige wichtige Verben haben im Futur einen unregelmäßigen Stamm. Die Endungen sind aber immer regelmäßig.

22.3 Gebrauch | Uso

En el futuro los alumnos no **usarán** libros o cuadernos.
In der Zukunft **werden** die Schüler keine Bücher oder Hefte **benutzen**.
Si tenéis ganas, **iremos** al Retiro.
Wenn ihr Lust habt, **gehen wir (noch)** in den Retiro.
–¿Qué hora es? –**Serán** las once.
– Wie spät ist es? – Es **wird (wohl)** elf Uhr **sein**.
¿Dónde **estará** mi libro de español?
Wo **ist bloß** mein Spanischbuch?

Das **futuro simple** wird benutzt:
– für in der Zukunft liegende mögliche Handlungen oder Zustände,
– manchmal in realen Bedingungssätzen
– und für Annahmen oder Vermutungen.

5 ¡Comunícate! | Las aulas del futuro

Este año **voy (a ir)** a Sevilla.
Dieses Jahr fahre ich nach Sevilla. (→ *Das ist sicher.*)
Y el año que viene **iré** a Madrid.
Und nächstes Jahr werde ich nach Madrid fahren. (→ *Das hoffe ich!*)

⚠ In der spanischen Umgangssprache wird für die Zukunft meist eine Konstruktion mit **ir a** + Infinitiv oder, so wie auch im Deutschen, das Präsens gebraucht. Es ist dann sicher, dass die Handlung stattfinden wird.
Das **futuro simple** wird eher für mögliche Handlungen in der Zukunft verwendet, d. h. es ist oft noch nicht sicher, ob sie stattfinden werden.
Dass es zwei Möglichkeiten gibt, Handlungen in der Zukunft auszudrücken, kennst du bereits aus dem Französischen:
SPA   Iré a Madrid. / **Voy a ir** a Madrid.
FRA   J'irai a Madrid. / **Je vais aller** a Madrid.

23 Die Konjunktionen **mientras**, **aunque** und **cuando** | Las conjunciones **mientras**, **aunque** y **cuando**

Mientras haya escuelas, también habrá exámenes.
Solange es Schulen gibt, wird es auch Klassenarbeiten/Prüfungen geben.
Mientras no **haga** sol, no saldré de casa.
Solange die Sonne nicht scheint, werde ich das Haus nicht verlassen.

Mientras Ana hace sus deberes, no escucha música.
Während Ana Hausaufgaben macht, hört sie keine Musik.

Die Konjunktionen **mientras**, **aunque** und **cuando** leiten jeweils einen Nebensatz ein.
Wird **mientras** in der Bedeutung von „solange" gebraucht und bezieht sich auf die Zukunft, so steht danach der **subjuntivo**.
Bedeutet es dagegen „während" und drückt damit eine Gleichzeitigkeit von mehreren Handlungen aus, so steht danach der Indikativ.

Aunque llueva, Adrián irá al Retiro.
Selbst wenn es regnen sollte, wird Adrián in den Retiro gehen.

Aunque hace sol, Ana quiere ir al cine.
Obwohl die Sonne scheint, will Ana ins Kino gehen.

Bedeutet **aunque** „selbst wenn" und drückt damit eine Ungewissheit aus oder bezieht sich auf die Zukunft, so steht danach der **subjuntivo**.
Wenn **aunque** „obwohl" bedeutet und sich damit auf eine Tatsache bezieht, so steht danach der Indikativ.

Cuando tengamos tabletas PC, ya no necesitaremos libros.
Sobald/Wenn wir PC-Tablets haben, werden wir keine Bücher mehr brauchen.

Cuando Javi sale del instituto, siempre queda con sus amigos.
Wenn Javi aus der Schule kommt, trifft er sich immer mit seinen Freunden.

Cuando salí del instituto, llovía.
Als ich die Schule verließ, regnete es.

Wenn sich **cuando** auf die Zukunft bezieht und die Bedeutung von „dann, wenn" oder "sobald" hat, so wird danach der **subjuntivo** benutzt.
Nach **cuando** steht der Indikativ, wenn es die Bedeutung von „(immer) wenn" oder „als" (in der Vergangenheit) hat.

¡DENK DARAN!
Wenn sich Sätze mit **mientras**, **aunque** und **cuando** auf die Zukunft beziehen, steht das darauf folgende Verb im **subjuntivo**.

¡Comunícate! | Las aulas del futuro

24 Der Gebrauch des gerundio | El uso del gerundio

Hugo y Luna **siguen buscando** informaciones en internet.
Hugo und Luna **suchen weiter** nach Informationen im Internet.

Mit **seguir** + **gerundio** drückt man aus, dass eine bereits andauernde Handlung weiter fortgesetzt wird.

Ya **llevan tres horas preparando** la presentación.
Sie **bereiten schon seit drei** Stunden die Präsentation **vor**.
Mi hermana ya **lleva una hora duchándose**.
Meine Schwester **duscht schon seit einer Stunde**.

Mit **llevar** + Angabe eines Zeitraums + **gerundio** wird ausgedrückt, dass jemand schon eine bestimmte Zeit dabei ist, etwas zu tun.

Muchos jóvenes (se) **pasan el día navegando** en internet.
Viele Jugendliche **verbringen den Tag** mit Surfen im Internet.
Hugo **se pasa todo el domingo preparándose** para el examen.
Hugo **bereitet sich den ganzen Sonntag** auf die Klassenarbeit **vor**.

Mit **pasar** + Angabe eines Zeitraums + **gerundio** wird ausgedrückt, dass jemand unaufhörlich mit etwas beschäftigt ist.

¡DENK DARAN!
Reflexive Verben haben im **gerundio** mit angehängtem Reflexivpronomen einen Akzent.

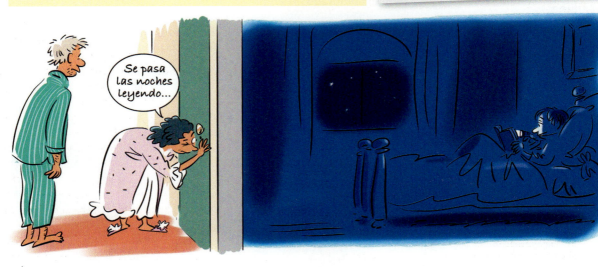

¡Acuérdate!

			estar	gerundio
hablar comer recibir	Singular	1.	estoy	hablando comiendo recibiendo
		2.	estás	
		3.	está	
	Plural	1.	estamos	
		2.	estáis	
		3.	están	

Du kennst bereits die Konstruktion **estar** + **gerundio**. Damit wird ausgedrückt, dass jemand gerade dabei ist, etwas zu tun. Die Formen des **gerundio** sind unveränderlich. Sie enden bei den -**ar**-Verben auf -**ando** und bei den -**er**- und -**ir**-Verben auf -**iendo**.

⚠ leer: Estamos le**y**endo.
⚠ ir: Hugo está **y**endo al cine.

treinta y uno 31

5B ¡NO TE LO PIERDAS!

25 Das Plusquamperfekt | El pretérito pluscuamperfecto

25.1 Formen | Morfología

			haber	Partizip
hablar comer recibir hacer	Singular	1. 2. 3.	había habías había	hablado comido recibido hecho
	Plural	1. 2. 3.	habíamos habíais habían	

Das **pretérito pluscuamperfecto** wird gebildet aus einer konjugierten Form des Hilfsverbs **haber** im **pretérito imperfecto** und dem Partizip des Vollverbs. Wie die Partizipien gebildet werden, weißt du bereits aus Unidad 4 (▶ Nr. 20, S. 26).

25.2 Gebrauch | Uso

Cuando **llegué**, mis amigos ya **habían comprado** las entradas.
Als ich **ankam**, **hatten** meine Freunde schon die Eintrittskarten **gekauft**.

Ana **vio** la peli porque un amigo se la **había recomendado**.
Ana **schaute sich** den Film **an**, weil ein Freund ihn ihr **empfohlen hatte**.

Antes de llamar a Ana, Hugo ya le **había escrito** un mensaje.
Bevor Hugo Ana **anrief**, **hatte** er ihr schon eine Nachricht **geschrieben**.

Durch das Plusquamperfekt wird, genauso wie im Deutschen, eine Handlung ausgedrückt, die zeitlich gesehen **vor** einer anderen Handlung in der Vergangenheit stattgefunden hat.

6 EUROPA Y ESPAÑA

¡ACÉRCATE!

26 Die indirekte Aufforderung | El imperativo indirecto

direkte Aufforderung	indirekte Aufforderung
Madre: «**Escribe** un mensaje a <u>tu</u> abuela.» Mutter: „Schreib <u>deiner</u> Großmutter eine SMS."	Hijo: «Mi madre **quiere que** le **escriba** un mensaje a <u>mi</u> abuela.» Sohn: „Meine Mutter will, dass ich <u>meiner</u> Großmutter eine SMS schreibe."
Ana: «Mirjam, **pasa** un mes en <u>mi</u> casa en Madrid.» Ana: „Mirjam, verbring (doch) einen Monat bei <u>mir</u> in Madrid."	Mirjam: «Ana **dice que pase** un mes en <u>su</u> casa en Madrid.» Mirjam: „Ana sagt, dass ich einen Monat bei <u>ihr</u> in Madrid verbringen <u>soll</u>."
Pablo (en un mensaje): «**Hablad** con <u>vuestro</u> profe.» Pablo: „Sprecht mit eurem Lehrer."	Manuel: «Pablo **escribe que hablemos** con <u>nuestro</u> profe.» Manuel: Pablo schreibt, dass wir mit unserem Lehrer sprechen <u>sollen</u>.

Die indirekte Aufforderung verwendet man, um wiederzugeben, wozu einen jemand aufgefordert hat. Sie wird häufig mit dem Verb **querer** eingeleitet. Die Imperativform der direkten (wörtlichen) Rede wird in der indirekten Rede immer im **subjuntivo** wiedergegeben.
Das ist im Französischen genauso:
- SPA   Mi madre **quiere que haga** los deberes antes de la cena.
- FRA   Ma mère **veut que je fasse** les devoirs avant le dîner.

Wenn mit den Verben **decir** und **escribir** eine Aufforderung ausgedrückt wird, steht auch hier der **subjuntivo**. Im Deutschen wird das mit dem Verb „sollen" ausgedrückt.

DENK DARAN! ¡!
Passe in der indirekten Aufforderung die Verben, Possessivbegleiter und Objektpronomen immer der veränderten Sprecherperspektive an.

6 Europa y España | Un actor europeo

6A UN ACTOR EUROPEO

27 Die indirekte Rede in der Vergangenheit | El estilo indirecto en el pasado

27.1 Der indirekte Aussagesatz | El enunciado indirecto

direkte Rede	indirekte Rede
Daniel:	Daniel **contó** / **ha contado** / **contaba** … Daniel erzählte / hat erzählt …
«**Estoy** en Barcelona.» „Ich bin in Barcelona."	… que **estaba** en Barcelona. … dass er in Barcelona war.
«Ya **he pasado** por casa de mis padres.» „Ich habe schon bei meinen Eltern vorbeigeschaut."	… que ya **había pasado** por casa de sus padres. … dass er schon bei seinen Eltern vorbeigeschaut hatte.
«Ayer **estuve** en Berlín.» „Gestern war ich in Berlin."	… que el día anterior **había estado** en Berlín. … dass er am Vortag in Berlin gewesen war.
«La semana que viene **voy a** quedar con mis amigos en Londres.» „Nächste Woche werde ich mich mit meinen Freunden in London treffen."	… que la próxima semana **iba a quedar** con sus amigos en Londres. … dass er sich in der nächsten Woche mit seinen Freunden in London treffen wird.
«De niño **estaba** muy feliz.» „Als Kind war ich sehr glücklich."	… que de niño **estaba** muy feliz. … dass er als Kind sehr glücklich war.
«Mis padres ya **habían vivido** antes en Barcelona.» „Meine Eltern hatten früher schon in Barcelona gelebt."	… que sus padres ya **habían vivido** antes en Barcelona. … dass seine Eltern früher schon in Barcelona gelebt hatten.

Wird die indirekte Rede mit einem Verb in einer Vergangenheitsform eingeleitet, findet oft eine Zeitverschiebung statt.

presente → imperfecto

perfecto → pluscuamperfecto

indefinido → pluscuamperfecto

ir a + Inf. → imperfecto

⚠ Da im zusammengesetzten Futur das konjugierte **ir** im Präsens steht, muss es in der indirekten Rede ins **pretérito imperfecto** gesetzt werden.

Diese Zeiten aus der wörtlichen Rede ändern sich in der indirekten Rede nicht:
imperfecto → imperfecto

pluscuamperfecto → pluscuamperfecto

DENK DARAN!
Passe auch in der indirekten Rede immer die Verben, Pronomen, Begleiter, Orts- und Zeitadverbien der veränderten Sprecherperspektive an.

Jaime me contó que iba pasar un año en Alemania y que tenía muchos amigos allí...

27.2 Die indirekte Frage | La interrogación indirecta

direkte Frage	indirekte Frage
Un chico:	Un chico **preguntó / ha preguntado / quería saber…** Ein Junge hat gefragt / wollte wissen …
«¿**Cuántos** años **tienes**?» „Wie alt bis du?"	… **cuántos** años **tenía**. … wie alt er ist.
«¿Ya has **trabajado** en Hollywood?» „Hast du schon in Hollywood gearbeitet?"	… **si** ya **había trabajado** en Hollywood. … ob er schon in Hollywood gearbeitet hat.
«¿**Cuándo naciste**?» „Wann wurdest du geboren?"	… **cuándo había nacido**. … wann er geboren wurde.
«Con **quién vas a vivir**?» „Mit wem wirst du zusammenleben?"	… con **quién iba a vivir**. … mit wem er zusammenleben wird.

Die indirekte Frage in der Vergangenheit wird immer mit einem Verb des Fragens in der Vergangenheit eingeleitet.
Die Zeitverschiebung funktioniert genau so wie beim indirekten Aussagesatz (▶ Nr. 27.1, S. 34).

WEISST DU'S? ▶ Lösung, S. 54
Was passiert in der indirekten Frage, wenn die wörtliche Rede in der direkten Frage im **pretérito imperfecto** oder im **pretérito pluscuamperfecto** steht?

Die Fragepronomen, wie z. B. **cuánto**, **cuándo**, **quién** werden in der indirekten Frage aus der direkten Frage übernommen.
Bei Entscheidungsfragen wird das deutsche „ob" in der indirekten Frage mit **si** wiedergegeben.

¡Acuérdate!

direkte Rede		indirekte Rede
Clara: «**Voy** a Madrid.»	→	Clara dice que **va** a Madrid.
Jorge: «**Pasé** unos días estupendos en Berlín.»	→	Jorge cuenta que **pasó** unos días estupendos en Berlín.
Ana y Hugo: «**Hemos trabajado** mucho.»	→	Ana y Hugo dicen que **han trabajado** mucho.
Mis abuelos: «**Te vamos a comprar** un regalo.»	→	Mis abuelos dicen que me **van a comprar** un regalo.

direkte Frage		indirekte Frage
Sergio: «Ana, ¿adónde **vas**?»	→	Sergio le pregunta a Ana adónde **va**.
Ana: «Rubén, ¿este boli **es** tuyo?»	→	Ana le pregunta a Rubén si ese boli **es** suyo.

Du weißt bereits, dass in der **indirekten Rede und Frage der Gegenwart** alle Zeiten der direkten (wörtlichen) Rede unverändert bleiben. Angepasst werden jeweils die Pronomen, Begleiter und konjugierten Verbformen.

EVALUACIÓN 2

Hier kannst du selbstständig deine Grammatikkenntnisse testen. Die Lösungen findest du auf S. 54/55.

EL IMPERATIVO CON USTED Y USTEDES

1 a Wie drückst du die folgenden Aufforderungen im Spanischen aus? Bilde jeweils die Singular- und die Pluralform.

1. Setzen Sie sich.
2. Sprechen Sie mit ihm.
3. Rufen Sie mich an.
4. Sagen Sie es ihm.
5. Sagen Sie es ihr nicht.
6. Geben Sie es ihm.
7. Fallen Sie nicht hin.
8. Passen Sie auf.
9. Hören Sie!
10. Fahren Sie nicht mit der U-Bahn.
11. Geben Sie es mir.
12. Gehen Sie nicht weg.

b Mit welcher grammatischen Form ist der Imperativ mit usted bzw. ustedes identisch?

EL PRETÉRITO PERFECTO

2 a Wie lauten die Partizipien der folgenden Verben?

1. hablar
2. comprender
3. pedir
4. decir
5. abrir
6. hacer
7. ver
8. poner
9. volver
10. escribir

b Gib die folgenden Sätze im Spanischen wieder.

1. Hast du schon mit deiner Mutter gesprochen?
2. Ich bin noch nicht in Spanien gewesen.
3. Bis jetzt haben wir noch nichts getan.
4. Habt ihr Jorge schon gesehen?
5. Heute ist Pablo aus México zurückgekommen.
6. Hast du Ana eine Nachricht geschrieben?

EL PERFECTO / EL INDEFINIDO / EL IMPERFECTO

3 a Ordne die folgenden Zeitangaben den drei Vergangenheitszeiten zu.

ayer   el año pasado
mientras   hasta ahora
hoy   esta tarde
primero   hace tres días
ya   entonces (2x)
todos los días
muchas veces   una vez
a las tres   siempre
después   alguna vez
antes   en aquella época

pretérito perfecto	pretérito indefinido	pretérito imperfecto

b Entscheide, welche Verbform in den folgenden Sätzen stehen muss. Schreibe die Sätze in dein Heft.

1. Primero **fuimos / íbamos / hemos ido** al cine y después **tomamos / tomábamos / hemos tomado** algo en una cafetería.
2. Hasta ahora Ana no **estuvo / estaba / ha estado** en Alemania.
3. Antes no **hubo / había / ha habido** coches.
4. Cuando mi abuela **fue / era / ha estado** niña, no **hubo / había / ha habido** ordenadores.
5. Esta mañana me **levanté / levantaba / he levantado** a las seis.
6. Cuando **empezó / empezaba / ha empezado** a llover, nos **fuimos / íbamos / hemos ido** a casa.

EL FUTURO

4 a Wie bildest du das *futuro simple*?

b Bei den folgenden Verben ist die Bildung des *futuro simple* unregelmäßig. Bilde jeweils die 1. Person Singular.

1. tener
2. poder
3. hacer
4. haber
5. decir
6. saber
7. salir
8. venir
9. poner

EL GERUNDIO

5 Übersetze die Sätze ins Deutsche. Was drücken die Konstruktionen mit dem *gerundio* aus?

1. Alfredo pasa muchas horas trabajando.
2. Emma sigue esperando a Pablo delante del cine.
3. Mia lleva tres años viviendo en España.

LAS CONJUNCIONES CUANDO, MIENTRAS Y AUNQUE

6 Übersetze die folgenden Sätze ins Spanische und benutze die Konjunktionen *cuando*, *mientras* und *aunque*. Achte auf den Gebrauch des Indikativs und des *subjuntivo*.

1. Selbst wenn David keine Zeit hat, will er mir helfen.
2. Obwohl das Buch interessant ist, will Marta es nicht lesen.
3. Während ich eine E-Mail schreibe, höre ich Musik.
4. Solange das Wetter schlecht ist, gehe ich nicht aus dem Haus.
5. Können wir uns treffen, wenn du aus dem Kino kommst?
6. Wenn ich 30 Jahre alt bin, möchte ich in Mexiko arbeiten.

EL IMPERATIVO INDIRECTO

7 Gib die folgenden Sätze als indirekte Aufforderung wieder.

1. Mis padres: «Haz tus deberes por la tarde.»
2. Mis amigos: «Ve a la fiesta de Daniel.»
3. Mi abuela: «Pasa un tiempo en otro país.»
4. Mi hermano: «Dame mis DVD.»

2

EL PRETÉRITO PLUSCUAMPERFECTO Y EL PRETÉRITO INDEFINIDO

8 Ergänze die Sätze mit der jeweils korrekten Form des pretérito pluscuamperfecto bzw. des pretérito indefinido.

1. Antes de ir al intituto, Enrique ya [?] sus e-mails. (leer)
2. La semana pasada (yo) [?] mucho porque [?] un suspenso. (estudiar; sacar)
3. Cuando [?] a llover, (nosotros) ya [?] a casa. (empezar; volver)
4. Cuando David [?] al parque, su amiga ya [?]. (llegar; irse)
5. Antes de conocer a mi amigo mexicano, sólo [?] e-mails. (escribirse)
6. Cuando mi madre me [?], (yo) ya [?]. (llamar; comer)

EL ESTILO INDIRECTO EN EL PASADO

9 a Vervollständige die Tabelle zur Zeitverschiebung bei der indirekten Rede in der Vergangenheit in deinem Heft. Welche Zeiten verändern sich nicht?

direkte Rede	indirekte Rede in der Vergangenheit
presente →	[?]
futuro (**ir a** + inf.) →	[?]
pretérito perfecto →	[?]
pretérito indefinido →	[?]
pretérito imperfecto →	[?]
pretérito pluscuamperfecto →	[?]

b Gib die folgenden Sätze in der indirekten Rede der Vergangenheit wieder. Beginne die Sätze mit Ana contó que...

1. «Estoy en Madrid en casa de mi tía.»
2. «Ya he visitado el Reina Sofía.»
3. «También fui con mis primos al Retiro.»
4. «Antes de ir al Retiro ya había ido al Estadio Bernabéu.»
5. «Todo el día hacía superbuen tiempo.»
6. «Voy a ir a Toledo.»

10 Forme die direkten Fragen in indirekte Fragen der Vergangenheit um. Beginne die Sätze mit Ana quería saber... oder Ana preguntó...

1. «¿Cuándo Jorge va a venir?»
2. «Chicos, ¿ya habéis preparado las tapas?»
3. «¿Hace mucho tiempo que el cuadro «Guernica» de Picasso está en el Reina Sofía?»
4. «Marta, ¿cuántos habitantes tenía Madrid en el siglo XVI?»

Tipps zum Grammatiklernen / Aprender mejor la gramática

GRAMMATIKREGELN UND VERBFORMEN LERNEN

- Gehe beim Lernen hin und her und sprich die Regel oder die Verbformen mehrmals laut vor dich hin oder denke dir eine Melodie bzw. einen Rhythmus dafür aus.
- Lies dir aufmerksam ein Grammatikkapitel durch und überprüfe, ob du alle grammatischen Begriffe kennst, indem du z. B. dafür Beispiele nennst. Formuliere die Regel in eigenen Worten.
- Denke dir Beispielsätze aus, in denen jeweils eine Form des Verbs oder der Wortart vorkommt, die du lernen möchtest. Schreibe die Sätze auf eine Karteikarte und lasse für die Formen eine Lücke. Nach einer längeren Pause ergänzt du die Formen.

GRAMMATIK ÜBEN

- Mache Übungen aus dem Unterricht zu Hause noch einmal.
- Denke dir selbst kleine Übungen aus und schreibe sie auf eine Karteikarte. Ergänze die Lösungen auf der Rückseite. Bearbeite nach einer längeren Pause bzw. am nächsten Tag die Übungen und überprüfe deine Antworten mit den Lösungen.
- Schreibe einen Text, in dem möglichst viele unterschiedliche Beispiele für ein Grammatikkapitel vorkommen.

GRAMMATIKFEHLER FESTSTELLEN

- Lege dir eine eigene Fehlerkartei an: Schreibe dazu die Regeln zu Fehlern, die du öfters machst, auf eine Karteikarte und ergänze ein Beispiel, das du dir gut merken kannst. Schreibe dir auch eine Erklärung dazu auf. Auf der Rückseite kannst du Beispielsätze mit Lücken ergänzen, mit denen du dich später kontrollieren kannst. Schaue dir jeden Tag zehn Minuten lang deine Karteikarten an.

GRAMMATIK WIEDERHOLEN

- Teile dir den Stoff in kleine Portionen ein. Wiederhole einmal pro Woche 15 Minuten lang frühere Grammatikkapitel, z. B. mithilfe deiner Karteikarten.
- Wiederhole zur Vorbereitung einer Klassenarbeit rechtzeitig jeden Tag ein Grammatikkapitel, indem du dir die Beispiele und Regeln aus dem Grammatikheft durchliest und eine Übung aus dem Buch oder dem Cuaderno noch einmal machst.
- Suche aus den Übungen im Buch Beispielsätze für ein Grammatikkapitel aus und schreibe sie mit Lücken auf ein Blatt. Ergänze nach einer Pause die Lücken. Bearbeite dann mehrmals die Sätze, mit denen du Schwierigkeiten gehabt hast.

ANEXO

AUSSPRACHE UND BETONUNG — LA PRONUNCIACIÓN Y LA ACENTUACIÓN

1 Aussprache | La pronunciación

Die Aussprache ist im Spanischen sehr regelmäßig. Einige Buchstaben oder Buchstabenkombinationen werden aber anders ausgesprochen als im Deutschen.

Konsonanten

Barcelona, tam**b**ién, el **v**ecino, el **v**asco	am Wortanfang oder nach Konsonanten wie deutsches **b**; man hört zwischen **b** und **v** keinen Unterschied
los de**b**eres, nue**v**o	zwischen zwei Vokalen wie weiches **b**, das fast wie ein **w** klingt; man hört zwischen **b** und **v** keinen Unterschied
el **c**entro, la **c**iudad	**c** vor **e** und **i** wie **th** im Englischen: **bath**
la **c**alle, po**c**o, es**c**uchar	**c** vor **a**, **o** und **u** wie **k** in **k**ilómetro
el **ch**ico	wie **tsch** in kla**tsch**en
la **g**ente, la pá**g**ina	**g** vor **e** und **i** wie **ch** in ma**ch**en
la **g**orra, el in**g**lés, ale**g**re, **g**uerra	vor allen anderen Buchstaben wie ein deutsches **g**
hola, la **h**istoria	wird nicht ausgesprochen
el **j**ijo, el **j**ueves	wie **ch** in ma**ch**en
llamar, a**ll**í, el ape**ll**ido	wie **j** in **J**acke
el espa**ñ**ol, ma**ñ**ana	wie **nj** in Inje**nj**tion
querer	wie **k** in **k**ilómetro
pe**r**o, el cent**r**o	wird mit der Zungenspitze gerollt
el **r**ío, la go**rr**a, la guita**rr**a	**r** am Wortanfang oder **rr** wird länger gerollt als das einfache **r**
y, vo**y**	alleinstehend oder am Wortende wie **i**
ya, ¡**oy**e!	am Wortanfang oder zwischen zwei Vokalen wie **j** in **J**acke
el **z**apato, feli**z**	wie **th** im Englischen: **bath**

Vokale und Diphthonge

q**u**é, Mig**u**el, la g**u**itarra	Der Vokal **u** wird nach **q** und zwischen **g** und **e** bzw. **i** nicht ausgesprochen.
b**ai**lar, h**ay**, L**au**ra, b**ie**n, c**iu**dad, estud**ia**r, h**oy**, leng**ua**, b**ue**no, c**ui**dado	Vokale in Verbindung mit **i** oder **u** bilden einen Doppellaut (Diphthong), der wie eine Silbe gesprochen wird.
s**ei**s, v**ei**nte	Die Vokale **e** und **i** bzw. **u** bilden einen Diphthong, wobei das **e** in etwa so klingt wie **e** in **S**eismograph bzw. **D**rehung.
euro	
el mus**eo**, el t**ea**tro	Wenn zwei aufeinander folgende Vokale **a**, **e** oder **o** sind, dann bilden sie zwei Silben (**mu-se-o, te-a-tro**).

40 cuarenta

Orthografie

llegar:	lle**gué**, lle**ga**ste
seguir:	si**go**, si**gues**
	se**guí**, se**gui**ste
coger:	co**jo**, co**ges**
explicar:	expli**qué**, expli**ca**ste
empezar:	empe**cé**, empe**za**ste
organizar:	organi**cé**, organi**za**ste

Vor allem in Verbkonjugationen ändert sich oft die Schreibung, um bei der Aussprache einen Laut zu erhalten.

2 Betonung und Akzent | La acentuación

pla-za ins-ti-**tu**-to ha-**bla**-mos **vi**-ven	Wörter, die auf **-n**, **-s** oder Vokal enden, werden auf der vorletzten Silbe betont.
le-**er** fe-no-me-**nal** ho-**rror** fe-**liz**	Wörter, die auf Konsonant (außer **-n** und **-s**) enden, werden auf der letzten Silbe betont.
fá-cil **mú**-si-ca ha-bi-ta-**ción** es-cri-**bís** ha-**bláis**	Wörter, deren Betonung von diesen Regeln abweicht, haben einen Akzent auf der betonten Silbe.
¡**Qué** fenomenal! ¿**Cómo** te llamas? Me preguntan **cuándo** vuelvo.	Ausrufewörter und Fragewörter haben immer einen Akzent, auch in der indirekten Frage.
rí-o ca-fe-te-**rí**-a **dí**-a	Wenn **-i-** vor einem Vokal einen Akzent trägt, wird es als ganze Silbe gesprochen. Der Akzent verdeutlicht, dass das **-i-** und der folgende Vokal keinen Diphthong bilden.
la ha-bi-ta-**ción**, las ha-bi-ta-**cio**-nes el e-**xa**-men, los e-**xá**-me-nes ¡Le-**ván**-ta-te! Está du-**chán**-do-se.	Wegen der Betonungsregeln fällt bei einigen Wörtern der Akzent weg oder es wird ein Akzent hinzugefügt: – bei Singular/Plural; – bei angehängten Pronomen.

mi	mein/e/s	a mí	mir, mich
tu	dein/e/s	tú	du
se	sich	sé	ich weiß
el	Artikel	él	er
si	ob	sí	ja, doch

Bei einigen Wörtern ist der Akzent wichtig für die Bedeutung des Wortes.

Anexo

DIE VERBEN LOS VERBOS

1 Hilfsverben | Verbos auxiliares

infinitivo	**ser**	**estar**	**haber**	⚠ ¡OJO!
presente	soy eres es somos sois son	estoy est**á**s est**á** estamos est**á**is est**á**n	he has ha hemos habéis han	hay
imperativo	s**é** sed	est**á** estad		
gerundio	siendo	estando	habiendo	
participio	sido	estado	habido	
pretérito indefinido	fui fuiste fue fuimos fuisteis fueron	estuve estuviste estuvo estuvimos estuvisteis estuvieron	hube hubiste hubo hubimos hubisteis hubieron	hubo
pretérito imperfecto	era eras era éramos erais eran	estaba estabas estaba estábamos estabais estaban	había habías había habíamos habíais habían	había
futuro simple	seré serás será seremos seréis serán	estaré estarás estará estaremos estaréis estarán	ha**br**é ha**br**ás ha**br**á ha**br**emos ha**br**éis ha**br**án	
presente de subjuntivo	sea seas sea seamos seáis sean	esté estés esté estemos estéis estén	haya hayas haya hayamos hayáis hayan	haya

42 cuarenta y dos

Anexo

2 Regelmäßige Verben auf -ar/-er/-ir | Los verbos regulares en -ar/-er/-ir

infinitivo	charlar	comprender	compartir	⚠ ¡OJO!
presente	charlo charlas charla charlamos charláis charlan	comprendo comprendes comprende comprendemos comprendéis comprenden	comparto compartes comparte compartimos compartís comparten	coger: cojo, coges, ____ salir: salgo, sales, ____ caerse: me caigo, te caes, ____
imperativo	charla charlad	comprende comprended	comparte compartid	salir: sal
gerundio	charlando	comprendiendo	compartiendo	leer: leyendo creer: creyendo
participio	charlado	comprendido	compartido	abrir: abierto escribir: escrito descubrir: descubierto
pretérito indefinido	charlé charlaste charló charlamos charlasteis charlaron	comprendí comprendiste comprendió comprendimos comprendisteis comprendieron	compartí compartiste compartió compartimos compartisteis compartieron	-car: busqué, buscaste, ____ -gar: llegué, llegaste, ____ -zar: organicé, organizaste, ____ leer: leyó, leyeron creer: creyó, creyeron
pretérito imperfecto	charlaba charlabas charlaba charlábamos charlabais charlaban	comprendía comprendías comprendía comprendíamos comprendíais comprendían	compartía compartías compartía compartíamos compartíais compartían	
futuro simple	charlaré charlarás charlará charlaremos charlaréis charlarán	comprenderé comprenderás comprenderá comprenderemos comprenderéis comprenderán	compartiré compartirás compartirá compartiremos compartiréis compartirán	salir: saldré, saldrás, ____
presente de subjuntivo	charle charles charle charlemos charléis charlen	comprenda comprendas comprenda comprendamos comprendáis comprendan	comparta compartas comparta compartamos compartáis compartan	-car: toque, toques, ____ -gar: pague, pagues, ____ -zar: cruce, cruces, ____ -ger: coja, cojas, ____ esquiar: esquíe, esquíes, ____

cuarenta y tres 43

Anexo

3 Verbgruppen | Grupos de verbos

1. Verbos con diptongación: e → ie

infinitivo	pensar	entender	preferir	⚠ ¡OJO!
presente	pienso piensas piensa pensamos pensáis piensan	entiendo entiendes entiende entendemos entendéis entienden	prefiero prefieres prefiere preferimos preferís prefieren	tener: tengo, tienes, ___
imperativo	piensa pensad	entiende entended	prefiere preferid	tener: ten, tened
gerundio	pensando	entendiendo	prefiriendo	
participio	pensado	entendido	preferido	
pretérito indefinido	pensé pensaste pensó pensamos pensasteis pensaron	entendí entendiste entendió entendimos entendisteis entendieron	preferí preferiste prefirió preferimos preferisteis prefirieron	empezar: empecé, empezaste, ___ querer: quise, quisiste, ___ tener: tuve, tuviste, ___
pretérito imperfecto	pensaba pensabas pensaba pensábamos pensabais pensaban	entendía entendías entendía entendíamos entendíais entendían	prefería preferías prefería preferíamos preferíais preferían	
futuro simple	pensaré pensarás pensará pensaremos pensaréis pensarán	entenderé entenderás entenderá entenderemos entenderéis entenderán	preferiré preferirás preferirá preferiremos preferiréis preferirán	querer: querré, querrás, ___ tener: tendré, tendrás, ___
presente de subjuntivo	piense pienses piense pensemos penséis piensen	entienda entiendas entienda entendamos entendáis entiendan	prefiera prefieras prefiera prefiramos prefiráis prefieran	-zar: empiece, empieces, ___ sentir: sintamos, sintáis tener: tenga, tengas, ___
	ebenso: calentar, cerrar, comenzar, despertar(se), empezar, recomendar	*ebenso:* encender, perder(se), querer, tener	*ebenso:* convertirse, divertirse, sentir(se)	

2. Verbos con diptongación: o → ue

infinitivo	**contar**	**volver**	⚠ **¡OJO!**
presente	cuento cuentas cuenta contamos contáis cuentan	vuelvo vuelves vuelve volvemos volvéis vuelven	jugar: j**ue**go, j**ue**gas, ___
imperativo	cuenta contad	vuelve volved	
gerundio	contando	volviendo	morirse: mur**ié**ndo poder: p**u**diendo
participio	contado	**vuelto**	morirse: **muerto**
pretérito indefinido	conté contaste contó contamos contasteis contaron	volví volviste volvió volvimos volvisteis volvieron	jugar: ju**g**ué, jugaste, ___ poder: **pude**, **pud**iste, ___ dormir: d**u**rmió, d**u**rmieron
pretérito imperfecto	contaba contabas contaba contábamos contabais contaban	volvía volvías volvía volvíamos volvíais volvían	
futuro simple	contaré contarás contará contaremos contaréis contarán	volveré volverás volverá volveremos volveréis volverán	poder: p**o**dré, p**o**drás, ___
presente de subjuntivo	cuente cuentes cuente contemos contéis cuenten	vuelva vuelvas vuelva volvamos volváis vuelvan	dormir: d**u**rmamos, d**u**rmáis jugar: j**ue**gue, j**ue**gues, ___ morir: m**u**ramos, m**u**ráis
	ebenso: acordarse, acostarse, costar, demostrar, encontrar(se), jugar, mostrar, probar, soñar	*ebenso:* doler, dormir, llover, morir(se), poder, soler	

3. Verbos con debilitación vocálica: e → i

infinitivo	**pedir**	**seguir**
presente	pido pides pide pedimos pedís piden	sigo sigues sigue seguimos seguís siguen
imperativo	pide pedid	sigue seguid
gerundio	pidiendo	siguiendo
participio	pedido	seguido
pretérito indefinido	pedí pediste pidió pedimos pedisteis pidieron	seguí seguiste siguió seguimos seguisteis siguieron
pretérito imperfecto	pedía pedías pedía pedíamos pedíais pedían	seguía seguías seguía seguíamos seguíais seguían
futuro simple	pediré pedirás pedirá pediremos pediréis pedirán	seguiré seguirás seguirá seguiremos seguiréis seguirán
presente de subjuntivo	pida pidas pida pidamos pidáis pidan	siga sigas siga sigamos sigáis sigan
	ebenso: repetir	*ebenso:* repetir

4. Verbos del tipo conocer: c → zc

infinitivo	**conocer**
presente	conozco conoces conoce conocemos conocéis conocen
imperativo	conoce conoced
gerundio	conociendo
participio	conocido
pretérito indefinido	conocí conociste conoció conocimos conocisteis conocieron
pretérito imperfecto	conocía conocías conocía conocíamos conocíais conocían
futuro simple	conoceré conocerás conocerá conoceremos conoceréis conocerán
presente de subjuntivo	conozca conozcas conozca conozcamos conozcáis conozcan
	ebenso: crecer, desaparecer, nacer, reconocer, traducir

5. Verbos del tipo construir: + y

infinitivo	**construir**
presente	construyo construyes construye construimos construís construyen
imperativo	construye construid
gerundio	construyendo
participio	construido
pretérito indefinido	construí construiste construyó construimos construisteis construyeron
pretérito imperfecto	construía construías construía construíamos construíais construían
futuro simple	construiré construirás construirá construiremos construiréis construirán
presente de subjuntivo	construya construyas construya construyamos construyáis construyan

4 Unregelmäßige Verben | Verbos irregulares

infinitivo	dar	decir	hacer	ir	poner
presente	doy das da damos dais dan	digo dices dice decimos decís dicen	hago haces hace hacemos hacéis hacen	voy vas va vamos vais van	pongo pones pone ponemos ponéis ponen
imperativo	da dad	di decid	haz haced	ve id	pon poned
gerundio	dando	diciendo	haciendo	yendo	poniendo
participio	dado	dicho	hecho	ido	puesto
pretérito indefinido	di diste dio dimos disteis dieron	dije dijiste dijo dijimos dijisteis dijeron	hice hiciste hizo ⚠ hicimos hicisteis hicieron	fui fuiste fue fuimos fuisteis fueron	puse pusiste puso pusimos pusisteis pusieron
pretérito imperfecto	daba dabas daba dábamos dabais daban	decía decías decía decíamos decíais decían	hacía hacías hacía hacíamos hacíais hacían	iba ibas iba íbamos ibais iban	ponía ponías ponía poníamos poníais ponían
futuro simple	daré darás dará daremos daréis darán	diré dirás dirá diremos diréis dirán	haré harás hará haremos haréis harán	iré irás irá iremos iréis irán	pondré pondrás pondrá pondremos pondréis pondrán
presente de subjuntivo	dé des dé demos deis den	diga digas diga digamos digáis digan	haga hagas haga hagamos hagáis hagan	vaya vayas vaya vayamos vayáis vayan	ponga pongas ponga pongamos pongáis pongan
				ebenso: irse	*ebenso:* ponerse

Anexo

infinitivo	querer	saber	tener	venir	ver
presente	quiero quieres quiere queremos queréis quieren	sé sabes sabe sabemos sabéis saben	tengo tienes tiene tenemos tenéis tienen	vengo vienes viene venimos venís vienen	veo ves ve vemos veis ven
imperativo	quiere quered	sabe sabed	ten tened	ven venid	ve ved
gerundio	queriendo	sabiendo	teniendo	viniendo	viendo
participio	querido	sabido	tenido	venido	visto
pretérito indefinido	quise quisiste quiso quisimos quisisteis quisieron	supe supiste supo supimos supisteis supieron	tuve tuviste tuvo tuvimos tuvisteis tuvieron	vine viniste vino vinimos vinisteis vinieron	vi viste vio vimos visteis vieron
pretérito imperfecto	quería querías quería queríamos queríais querían	sabía sabías sabía sabíamos sabíais sabían	tenía tenías tenía teníamos teníais tenían	venía venías venía veníamos veníais venían	veía veías veía veíamos veíais veían
futuro simple	querré querrás querrá querremos querréis querrán	sabré sabrás sabrá sabremos sabréis sabrán	tendré tendrás tendrá tendremos tendréis tendrán	vendré vendrás vendrá vendremos vendréis vendrán	veré verás verá veremos veréis verán
presente de subjuntivo	quiera quieras quiera queramos queráis quieran	sepa sepas sepa sepamos sepáis sepan	tenga tengas tenga tengamos tengáis tengan	venga vengas venga vengamos vengáis vengan	vea veas vea veamos veáis vean

VERBEN UND IHRE ANSCHLÜSSE   VERBOS CON PREPOSICIONES

acabar de + *inf.*	etw. gerade getan haben
acordarse de algo	sich an etw. erinnern
aprender a + *inf.*	lernen etw. zu tun
apuntarse a algo	sich für etw. anmelden, bei etw. mitmachen
bajar del bus / por la pista / por la calle	aus dem Bus aussteigen / die Piste hinunterfahren / die Straße hinuntergehen
cambiar de idea	die Meinung ändern
convertirse en algo	sich in etw. verwandeln
dejar de + *inf.*	aufhören, etw. zu tun
depender de algo/alguien	von jdm/etw. abhängen
empezar a + *inf.*	anfangen, etw. zu tun
enamorarse de alguien	sich in jdn verlieben
encontrarse con alguien	jdm begegnen, sich mit jdm treffen
enfadarse con alguien	auf jdn böse werden, sich über jdn ärgern
enterarse de algo	etw. bemerken
hablar por teléfono	telefonieren
interesarse por algo/alguien	sich für etw./jdn interessieren
ir a pie	zu Fuß gehen
ir de camping	zelten fahren
ir de compras	einkaufen gehen
ir en ___	mit dem ___ fahren
irse por ahí	herumlaufen/-fahren
jugar a ___	___ spielen (Sport)
limitar con algo	an etw. grenzen
llevarse bien/mal con alguien	sich mit jdm gut/schlecht verstehen
meterse en algo	sich in etw. einmischen
morirse de algo	an etw. sterben
participar en algo	an etw. teilnehmen
pasar de algo	keine Lust auf etw. haben, auf etw. verzichten können
pasar por + *sust.*	bei/an etw. vorbeikommen
pasear por + *sust.*	spazieren gehen durch + Subst.
pelear(se) por algo/alguien	(sich) um etw./jdn streiten
pensar en algo/alguien	an etw./jdn denken
ponerse al teléfono	ans Telefon gehen, kommen
ponerse en el lugar de alguien	sich in jdn hinein versetzen
preocuparse por algo/alguien	sich um etw./jdn Sorgen machen
reírse de algo	über etw. lachen
soñar con algo/alguien	von etw./jdm träumen
subir al (bus)	in (den Bus) einsteigen
tener que ver con algo/alguien	mit etw./jdm zu tun haben
viajar por ___	durch ___ reisen
volver a + *verbo*	etw. wieder tun

GRAMMATISCHE BEGRIFFE — TÉRMINOS GRAMATICALES

el adjetivo	Adjektiv, Eigenschaftswort	**bueno/-a**, **grande**, **difícil**
el adverbio	Adverb	tocar **bien** la guitarra
el adverbio derivado	abgeleitetes Adverb	trabajar **tranquilamente**
el artículo determinado	bestimmter Artikel	**el** amigo, **la** chica, **los** ríos, **las** gorras
el artículo indeterminado	unbestimmter Artikel	**un** chico, **una** amiga, **unos** vaqueros, **unas** gafas
el comparativo	Komparativ, Vergleich	**más** interesante **que**, **menos** caro **que**, **tan** grande **como**, Hay cosas **peores**., Antes, la vida era **mejor**.
el complemento directo	direktes Objekt	Tengo **una mochila roja**. Busco **a Ana**.
el complemento indirecto	indirektes Objekt	Doy el libro **a Ana**.
la conjunción	Konjunktion, Bindewort	**y**, **o**, **pero**, **porque**, **sin embargo**, **mientras**, **aunque**
la consonante	Mitlaut, Konsonant	b, c, d, f, l, ll, r
el determinante demostrativo	hinweisender Begleiter, Demonstrativbegleiter	**este** chico, **esas** zapatillas, **aquellos** años
el determinante indefinido	unbestimmter Begleiter, Indefinitbegleiter	**mucho** dinero, **pocas** semanas, **algún** día
el determinante posesivo	besitzanzeigender Begleiter, Possessivbegleiter	**tu** mochila, **nuestro** instituto, este libro es **mío**
el diptongo	Doppellaut, Diphthong	b**ue**no, b**ai**lar, qu**ie**ro, **au**la
el enunciado indirecto	indirekter Aussagesatz	Sergio **contó que** ya **había leído** el libro.
el estilo indirecto	indirekte Rede	D**ice que** no puede venir.
el estilo indirecto en el pasado	indirekte Rede in der Vergangenheit	Ana **dijo que estaba** en México.
femenino/-a	weiblich, feminin	**la** chica
la forma irregular	unregelmäßige Form	**voy**, **tengo**, **digo**
la forma regular	regelmäßige Form	**hablo**, **comes**, **pasé**
el futuro inmediato	unmittelbares Futur	**Voy a pasar** las vacaciones en Madrid.
el futuro simple	Futur (Zukunftsform)	**hablaré**, **tendremos**, **irán**
el gerundio	gerundio (Verlaufsform)	**trabajando**, **escribiendo**
el género	Geschlecht, Genus (Maskulinum, Femininum)	**el** móvil (maskulin), **la** chica (feminin)
el imperativo	Befehlsform, Imperativ	**¡habla!**, **¡hable!**, **¡hablad!**, **¡hablen!**
el imperativo indirecto	indirekte Aufforderung	Mi madre **dice que haga** mis deberes.
el imperativo negativo	verneinter Imperativ	**¡no hables!**, **¡no habléis!**
los indicadores temporales	Zeitangaben	**hasta las cuatro**, **por la mañana**
el infinitivo	Grundform (des Verbs), Infinitiv	**hablar**, **leer**, **escribir**
la interrogación indirecta	indirekte Frage	Mis amigos preguntan **si voy o no**. Me preguntó **cuántos años tenía**.
masculino/-a	männlich, maskulin	**el** libro
la negación	Verneinung	**No** duerme. **No** quiere ver a **nadie**.
el número	Zahl, Numerus	el **regalo** (Singular), las **guitarras** (Plural)
el número ordinal	Ordnungszahl	el **primer** día, la **segunda** semana

Anexo

el objeto in(directo)	(in)direktes Objekt (indirektes Objekt: wem?, direktes Objekt: wen?, was?)	Explico **los deberes a mi amigo**.
la oración condicional real	realer Bedingungssatz	**Si tenemos** tiempo, **vamos** al parque.
la oración principal	Hauptsatz	**Roberto no quiere ir al cine** porque no tiene dinero.
la oración relativa	Relativsatz	Tomás es el chico **que lleva gafas y cazadora**.
la oración subordinada	Nebensatz	Roberto no quiere ir al cine **porque no tiene dinero**.
la oración temporal	Temporalsatz	**Cuando Ana salió de casa**, llegó Diego.
la palabra interrogativa	Fragewort	¿**Qué** lenguas hablas?, ¿**Cuántos** años tienes?
el participio	Partizip	**hablado, hecho, dicho**
la persona	Person (1./2./3. Person)	**Ella se llama** (3. Person Singular) Ana.
el plural	Mehrzahl, Plural	los amigo**s**, las flore**s**
la preposición	Verhältniswort, Präposition	**a**, **de**, **delante de**, **para**
el presente	Gegenwart, Präsens	Hoy ella **escribe** una tarjeta.
el presente de subjuntivo	subjuntivo des Präsens (Möglichkeitsform)	(yo) **hable**, (ellos) **digan**
el pretérito imperfecto	Imperfekt (Vergangenheitsform)	Antes Alberto **vivía** en el pueblo.
el pretérito indefinido	indefinido (Vergangenheitsform)	**trabajé, comieron**
el pretérito perfecto	Perfekt (Vergangenheitsform)	**he trabajado, han comido**
el pretérito pluscuamperfecto	Plusquamperfekt (Vergangenheitsform)	**había trabajado, habían comido**
dos pronombres de complemento	zwei Objektpronomen im Satz	**Se lo** está explicando.
el pronombre de complemento directo	direktes Objektpronomen, Akkusativpronomen	¿Y Roberto? No **lo** veo.
el pronombre de complemento indirecto	indirektes Objektpronomen, Dativpronomen	Diego **le** manda un mensaje a Sandra.
el pronombre indefinido	Indefinitpronomen	–¿Conoces a **alguna** de esas chicas? –No, **ninguna**.
el pronombre interrogativo	Fragepronomen, Interrogativpronomen	¿**Quién** es?, ¿**Dónde** vive?, ¿**Cuál** quieres?
el pronombre personal	persönliches Fürwort, Personalpronomen	**yo, tú, él/ella, nosotros/-as, vosotros/-as, ellos/ellas; a mí, a ti**
el pronombre personal sujeto	Subjektpronomen	**Yo** me llamo David, **ella** es Laura.
el pronombre reflexivo	rückbezügliches Fürwort, Reflexivpronomen	Omar **se** ducha. ¿No **te** acuerdas?
el pronombre relativo	Relativpronomen	el parque **que** ves, **lo que** quiero saber
el singular	Einzahl, Singular	un profesor, la amiga
el sujeto	Subjekt (wer?)	**Pablo** charla con Úrsula.
el superlativo	Superlativ	el chico **más alto**, el **mejor** amigo, la ciudad **que más me gusta**
el superlativo absoluto	absoluter Superlativ	**guapísimo, riquísimas**
el sustantivo	Substantiv, Nomen	el **parque**, la **dirección**
el verbo	Zeitwort, Verb	**estudiar, mandar, comer**

Anexo

el verbo auxiliar	Hilfsverb	haber, estar, ser, ir
el verbo (ir)regular	(un)regelmäßiges Verb	hablar (regelmäßig), ir (unregelmäßig)
el verbo modal	Modalverb	poder ver, tener que estudiar, querer irse
el verbo reflexivo	rückbezügliches Verb, reflexives Verb	ducharse, levantarse, irse
la vocal	Selbstlaut, Vokal	a, e, i, o, u

INDEX ÍNDICE

Die Angaben beziehen sich auf die Seitenzahlen.

A
Adverb
  Abgeleitete Adverbien   13
  más   5, 7
algún   20
alguno   20
aquel   6
aunque
  Indikativ nach aunque   30
  subjuntivo nach aunque   30

B
Bedingungssatz (real)   17
Begleiter
  Demonstrativbegleiter
  Indefinitbegleiter
  Possessivbegleiter
bueno   6, 7, 18

C
cuando
  Indikativ nach cuando   30
  subjuntivo nach cuando   30

D
dar
  Konjugation im subjuntivo   12
decir
  Konjugation im Futur   29
  Konjugation im subjuntivo   12
  Konjugation im verneinten Imperativ   11
  Partizip   28
Demonstrativbegleiter
  aquel   6
  este/ese   7

E
estar
  estar + gerundio   31

  Konjugation im subjuntivo   12
  ser und estar   18

F
Futur
  futuro simple   29
  Gebrauch   29
  Regelmäßige Formen   29
  Unregelmäßige Formen   29

G
gerundio
  estar + gerundio   31

H
haber
  Konjugation   26
  Konjugation im Futur   29
  Konjugation im subjuntivo   12
hacer
  Konjugation im bejahten Imperativ   11
  Konjugation im verneinten Imperativ   10
  Konjugation im Futur   29
  Konjugation im subjuntivo   12
  Partizip   26
Hilfsverben
  haber   26, 32

I
Imperativ
  bejahter Imperativ   11
  Höflichkeitsform   25
  imperativo indirecto →
  indirekte Aufforderung   33
  reflexive Verben   11, 25
  verneinter Imperativ   10

Imperfekt → pretérito imperfecto
indefinido → pretérito indefinido
Indefinitbegleiter (algún/ningún)
  Formen   20
  Gebrauch   20
Indefinitpronomen (alguno/ninguno)
  Formen   20
  Gebrauch   20
Indikativ
  nach mientras, aunque und cuando   30
indirekte Aufforderung   33
indirekte Rede in der Gegenwart   35
indirekte Rede in der Vergangenheit   34
  indirekter Aussagesatz   34
  indirekte Frage   35
ir
  ir a + Infinitiv   30
  gerundio   31
  Konjugation im bejahten Imperativ   11
  Konjugation im Imperfekt   5, 26
  Konjugation im subjuntivo   12
  Konjugation im verneinten Imperativ   10
-ísimo   17

K
Komparativ   5
Konjunktion
  aunque   30
  cuando   30
  mientras   30
  si   17

L
la 19
le 19
leer
　Partizip 26
　gerundio 31
lo 19
lo que 16

LL
llevar
　llevar und gerundio 31

M
malo 6, 7, 18
más … que 5
me 19
mejor 6, 7
menos … que 5
mi 14
mientras
　Indikativ nach mientras 30
　subjuntivo nach mientras 30
mío 14

N
ningún 20
ninguno 20
nos 19
nuestro 14

O
Objektpronomen
　Formen (zwei Objektpronomen im Satz) 19
　Stellung beim bejahten Imperativ 25
　Stellung und Anwendung (zwei Objektpronomen im Satz) 19
ojalá que 19
os 19

P
para
para que und subjuntivo 15
por und para 18
pasar
　Konjugation im Imperfekt 5
　Konjugation im indefinido 9
　pasar und gerundio 31
peor 7
Perfekt → pretérito perfecto
Plusquamperfekt → pretérito pluscuamperfecto
poder
　Konjugation im Futur 29
poner
　Konjugation im bejahten Imperativ 11
　Konjugation im Futur 29
　Konjugation im subjuntivo 12
　Konjugation im verneinten Imperativ 10
　Partizip 26
por
　por und para 18
Possessivbegleiter 14
Possessivpronomen
　Formen 14
　Gebrauch 14
presente de subjuntivo
　Gebrauch 13, 15, 19
　Gebrauch nach mientras, aunque und cuando 30
　Regelmäßige Bildung 11
　Unregelmäßige Verben 12
pretérito imperfecto
　Formen 5
　pretérito indefinido und das pretérito imperfecto 8
pretérito indefinido
　Regelmäßige Verben 9
　pretérito indefinido und das pretérito imperfecto 8
　pretérito indefinido und das Perfekt 27
pretérito perfecto
　Formen 26
　pretérito indefinido und das Perfekt 27
　Stellung und Gebrauch 27
pretérito pluscuamperfecto
　Formen 32
　Gebrauch 32
Pronomen
　Indefinitpronomen 20, 21
　Objektpronomen 19 f.
　Possessivpronomen 14
　Reflexivpronomen 11, 25
　Relativpronomen 16

R
realer Bedingungssatz 17
Reflexivpronomen
　Stellung beim bejahten Imperativ 11, 25
Relativpronomen

lo que 16

S
saber
　Konjugation im Futur 29
　Konjugation im subjuntivo 12
salir
　Konjugation im Futur 29
　Konjugation im indefinido 9
　Konjugation im subjuntivo 12
se 19
seguir
　seguir und gerundio 31
ser
　Konjugation im Imperfekt 5
　Konjugation im subjuntivo 12
　ser und estar 18
si 17
su 14
subjuntivo → presente de subjuntivo
Superlativ 7
　absoluter Superlativ 17
suyo 14

T
tan … como 5
te 19
tener
　Konjugation im Futur 29
　Konjugation im Imperativ 11
　Konjugation im subjuntivo 12
tu 14
tuyo 14

V
venir
　Konjugation im Futur 29
　Konjugation im Imperativ 11
　Konjugation im subjuntivo 12
　Konjugation im verneinten Imperativ 10
ver
　Konjugation im pretérito imperfecto 5
　Partizip 26
vuestro 14

Z
Zukunft → Futur

Anexo

LÖSUNGEN SOLUCIONES

Weißt du's?

S. 29: Da die Formen endbetont sind, tragen sie einen Akzent.
S. 35: Das **p. imperfecto** und das **p. pluscuamperfecto** werden in der indirekten Frage nicht verändert.

Evaluación 1, S. 22–24

1 a) **pensar:** pensaba, pensabas, pensaba, pensábamos, pensabais, pensaban – **tener:** tenía, tenías, tenía, teníamos, teníais, tenían – **escribir:** escribía, escribías, escribía, escribíamos, escribíais, escribían – **ver:** veía, veías, veía, veíamos, veíais, veían – **ser:** era, eras, era, éramos, erais, eran – **ir:** iba, ibas, iba, íbamos, ibais, iban

b) 1. Die Verben auf **-ar**, **ir** und **ser** haben in der 1. Person Plural einen Akzent.
2. Die Endungen der Verben auf **-er** und **-ir** sowie **ver** haben in der Endung einen Akzent auf dem **-í-**.

2 a) **pretérito indefinido:** ayer – hace dos días – la semana pasada – el año pasado – al principio – después – de repente – a las tres – un día
pretérito imperfecto: todos los días – siempre – en aquella época – normalmente

b) **pretérito imperfecto:** Situation – **pretérito indefinido:** Aktion

3 a) 1. Pablo es más alto que Jorge. – 2. Este DVD no es tan caro como ese. – 3. Para Ana el examen de Mates es peor que el examen de física. – 4. Jorge tiene mejores notas que Lola. – 5. Tiene la mejor nota en Alemán. – 6. ¡Hoy es el peor día de la semana! – 7. Luna es la chica más interesante de la clase. – 8. Paula es menos deportista que Pablo.

b) Komparativ: más/menos + Adjektiv + que – (no) tan + Adjektiv + como
Superlativ: el/la/los/las + Komparativ

c) bueno: mejor – malo: peor

4 a) interesantísimo – carísimo – malísimo – riquísimo – buenísimo – dificilísimo

b) **Difícil** verliert seinen Akzent, da die Endung schon einen Akzent trägt. Das **-c-** in **rico** wird zu **-qu-**, damit die Aussprache erhalten bleibt.

5 a) Das **presente de subjuntivo** wird aus dem Stamm der Verben in der 1. Person Singular Präsens Indikativ abgeleitet.

b) **leer:** lea, leamos – **estudiar:** estudie, estudiemos – **empezar:** empiece, empecemos – **pedir:** pida, pidamos – **conocer:** conozca, conozcamos – **tener:** tenga, tengamos – **decir:** diga, digamos

c) **haber:** haya, hayas, haya, hayamos, hayáis, hayan – **estar:** esté, estés, esté, estemos, estéis, estén – **ser:** sea, seas, sea, seamos, seáis, sean – **saber:** sepa, sepas, sepa, sepamos, sepáis, sepan – **ir:** vaya, vayas, vaya, vayamos, vayáis, vayan – **dar:** dé, des, dé, demos, deis, den

6 1. Creo que Pablo vuelve esta tarde. – 2. Es importante que me llame. – 3. No pienso que Daniel vaya a México este año. – 4. Ana no cree que este examen sea importante. – 5. A Andrés no le importa que haga sol o no. – 6. Es importante que participemos en un proyecto. – 7. Es seguro que Luna quiere mucho a Florian. – 8. Opino que trabajáis demasiado.

7 a) 1. Habla con él. → ¡No hables con él! – 2. Llámame. → ¡No me llames! – 3. Levantaos. → ¡No os levantéis! – 4. Escribidles. → ¡No les escribáis! 5. Díselo. → ¡No se lo digas! 6. Poned la mesa ahora. → ¡No pongáis la mesa ahora! – 7. Dúchate. → ¡No te duches! – 8. Ayúdalos. → ¡No los ayudes!

b) Der verneinte Imperativ ist mit den Formen des **subjuntivo** identisch.

8 a) independientemente – tranquilamente – normalmente – fácilmente – realmente

b) 1. Normalmente – 2. normal – 3. interesante – 4. tranquilamente

9 a) 1a – 2a – 3b – 4a   b) (das) was

10 a) 1. es – 2. está – 3. es – 4. está

b) **Estar** + Adjektiv wird verwendet, wenn man einen vorübergehenden Zustand beschreibt. Mit **ser** + Adjektiv beschreibt man dagegen eine grundsätzliche Eigenschaft einer Person oder Sache.

11 1. por – 2. para – 3. por – 4. para – 5. para – 6. por

12 1. Algunas – 2. algún – 3. Ningún – 4. Ninguno

13 a) indirektes Objektpronomen: **me, te, le, nos, os, les**
  direktes Objektpronomen: **la, lo, las, los**
  b) Die indirekten Objektpronomen **le** und **les** werden zu **se**, wenn ein direktes Objektpronomen folgt.
  c) 1. Te lo doy mañana. (direktes Objektpronomen) – 2. ¿Lo puedes llamar? (direktes Objektpronomen) – 3. Se la regalamos. (indirektes und direktes Objektpronomen) – 4. Ana se lo lleva. (indirektes und direktes Objektpronomen) – 5. ¿Puedes dársela? (indirektes und direktes Objektpronomen) – 6. Aixa se los quita. (indirektes und direktes Objektpronomen)

Evaluación 2, S. 36–38

1 a) 1. ¡Siéntese! / ¡Siéntense! – 2. ¡Hable con él! / ¡Hablen con él! – 3. ¡Llámeme! / ¡Llámenme! – 4. ¡Dígaselo! / ¡Díganselo! – 5. ¡No se lo diga! / ¡No se lo digan! – 6. ¡Déselo! / ¡Dénselo! – 7. ¡No se caiga! / ¡No se caigan! – 8. ¡Tenga cuidado! / ¡Tengan cuidado! – 9. ¡Oiga! / ¡Oigan! – 10. ¡No vaya en metro! / ¡No vayan en metro! – 11. ¡Démelo! / ¡Dénmelo! – 12. ¡No se vaya! / ¡No se vayan!
  b) subjuntivo, 3. Person Sg. und Pl.

2 a) 1. hablado – 2. comprendido – 3. pedido – 4. dicho – 5. abierto – 6. hecho – 7. visto – 8. puesto – 9. vuelto – 10. escrito
  b) 1. ¿Ya has hablado con tu madre? – 2. Todavía no he estado en España. – 3. Hasta ahora no hemos hecho nada. – 4. ¿Ya habéis visto a Jorge? – 5. Hoy, Pablo ha vuelto de México. – 6. ¿Has escrito un mensaje a Ana?

3 a) **pretérito perfecto:** hasta ahora – hoy – esta tarde – ya – alguna vez
  pretérito indefinido: ayer – el año pasado – primero – hace tres días – entonces – una vez – a las tres – después
  pretérito imperfecto: mientras – entonces – todos los días – muchas veces – siempre – antes – en aquella época
  b) 1. fuimos / tomamos – 2. no ha estado – 3. no había – 4. era / no había – 5. me he levantado – 6. empezó / nos fuimos

4 a) Um das **futuro simple** zu bilden, werden an den Infinitiv die Endungen **-é, -ás, -á, -emos, -éis, -án** angehangen.
  b) 1. tendré – 2. podré – 3. haré – 4. habré – 5. diré – 6. sabré – 7. saldré – 8. vendré – 9. pondré

5 1. Alfredo verbringt viel Zeit mit Arbeiten. – 2. Emma wartet immer noch vor dem Kino auf Pablo. – 3. Mia lebt seit drei Jahren in Spanien.

6 1. Aunque David no tenga tiempo, quiere ayudarme. – 2. Aunque el libro es interesante, Marta no quiere leerlo. – 3. Mientras escribo un e-mail, escucho música. – 4. Mientras haga mal tiempo, no voy a salir de casa. – 5. ¿Podemos encontrarnos cuando salgas del cine? – 6. Cuando tenga 30 años, quiero trabajar en México.

7 1. Mis padres quieren que haga mis deberes por la tarde. – 2. Mis amigos me dicen que vaya a la fiesta de Daniel. – 3. Mi abuela quiere que pase un tiempo en otro país. – 4. Mi hermano quiere que le dé sus DVD.

8 1. Antes de ir al cole, Enrique ya había leído sus e-mails.
  2. La semana pasada estudié mucho porque había sacado un suspenso.
  3. Cuando empezó a llover, ya habíamos vuelto a casa.
  4. Cuando David llegó al parque, su amiga ya se había ido.
  5. Antes de conocer a mi amigo méxicano, sólo nos habíamos escrito e-mails.
  6. Cuando mi madre me llamó, ya había comido.

9 a) presente → pretérito imperfecto – futuro inmediato (**ir a** + inf.) → pretérito imperfecto – pretérito perfecto → pretérito pluscuamperfecto – pretérito indefinido → pretérito pluscuamperfecto – pretérito imperfecto → pretérito imperfecto – pretérito pluscuamperfecto → pretérito pluscuamperfecto
  b) 1. Ana contó que estaba en Madrid en casa de su tía. – 2. Ana contó que ya había visitado el Reina Sofía. – 3. Ana contó que también había ido con sus primos al Retiro. – 4. Ana contó que antes de ir al Retiro ya había ido al Estadio Bernabéu. – 5. Ana contó que todo el día hacía superbuen tiempo. – 6. Ana contó que iba a ir a Toledo.

10 1. Ana quería saber cuándo Jorge iba a venir. – 2. Ana preguntó si ya habíamos preparado las tapas. – 3. Ana quería saber si hacía mucho tiempo que el cuadro «Guernica» de Picasso estaba en el Reina Sofía. – 4. Ana preguntó a Marta cuántos habitantes tenía Madrid en el siglo XVI.

Encuentros 2 Edición 3000
Lehrwerk für Spanisch als dritte Fremdsprache
Grammatikheft

Im Auftrag des Verlages erarbeitet von:
Jochen Schleyer

und der Redaktion Fremdsprachen in der Schule:
Marit Reifenstein

Projektleitung: Heike Malinowski

Beratende Mitwirkung:
Elke Hildenbrand

Layout und technische Umsetzung: graphitecture book, Rosenheim
Umschlaggestaltung: werkstatt für gebrauchsgrafik, Berlin
Illustration: Laurent Lalo

Umschlagfoto: © Matthias Höppener-Fidus

Materialien zu Encuentros 2 Edición 3000:
ISBN 978-3-06-520334-0 Schülerbuch
ISBN 978-3-06-520367-8 Vokabeltaschenbuch
ISBN 978-3-06-520349-4 Audio-CD
ISBN 978-3-06-520364-7 DVD
ISBN 978-3-06-520337-1 Cuaderno de ejercicios
ISBN 978-3-06-520343-2 Handreichungen für den Unterricht

www.cornelsen.de

2. Auflage, 1. Druck 2012

© 2011 Cornelsen Verlag, Berlin

Das Werk und seine Teile sind urheberrechtlich geschützt.
Jede Nutzung in anderen als den gesetzlich zugelassenen Fällen bedarf
der vorherigen schriftlichen Einwilligung des Verlages.
Hinweis zu den §§ 46, 52 a UrhG: Weder das Werk noch seine Teile dürfen ohne eine
solche Einwilligung eingescannt und in ein Netzwerk eingestellt oder sonst öffentlich
zugänglich gemacht werden.
Dies gilt auch für Intranets von Schulen und sonstigen Bildungseinrichtungen.

Druck: Stürtz GmbH, Würzburg

ISBN 978-3-06-520352-4

 Inhalt gedruckt auf säurefreiem Papier aus nachhaltiger Forstwirtschaft.